国家智库报告 2020(19)
National Think Tank

经 济

中国能源经济安全风险评估（一）

史 丹 等著

CHINA ENERGY ECONOMIC SECURITY RISKS ASSESSMENT (1)

中国社会科学出版社

图书在版编目(CIP)数据

中国能源经济安全风险评估. 一 / 史丹等著 . —北京：中国社会科学出版社，2020.5
(国家智库报告)
ISBN 978 - 7 - 5203 - 6517 - 8

Ⅰ.①中… Ⅱ.①史… Ⅲ.①能源经济—经济安全—风险管理—研究报告—中国　Ⅳ.①F426.2

中国版本图书馆 CIP 数据核字（2020）第 086777 号

出 版 人	赵剑英
项目统筹	王　茵
责任编辑	李海莹
责任校对	赵雪姣
责任印制	李寡寡

出　　版	中国社会科学出版社
社　　址	北京鼓楼西大街甲 158 号
邮　　编	100720
网　　址	http://www.csspw.cn
发 行 部	010 - 84083685
门 市 部	010 - 84029450
经　　销	新华书店及其他书店
印刷装订	北京君升印刷有限公司
版　　次	2020 年 5 月第 1 版
印　　次	2020 年 5 月第 1 次印刷
开　　本	787×1092　1/16
印　　张	12.75
插　　页	2
字　　数	130 千字
定　　价	78.00 元

凡购买中国社会科学出版社图书，如有质量问题请与本社营销中心联系调换
电话：010 - 84083683
版权所有　侵权必究

课题组成员

课题组主持人：

史　丹　中国社会科学院工业经济研究所所长，研究员

课题组成员：

马丽梅　深圳大学中国经济特区研究中心讲师，中国社会科学院工业经济研究所博士后，副研究员

李　鹏　中国社会科学院工业经济研究所助理研究员

李华杰　中国社会科学院研究生院博士生，高级工程师

邢梦玥　中国社会科学院研究生院博士生

摘要：经济安全是国家安全的重要组成部分，能源安全直接关系经济安危。本书从能源与经济的联系出发，分析了能源在国民经济中的作用及其不安全时对经济的影响，具体分析了供应中断、价格波动、能源转型风险的识别及其对经济的影响。在此基础上，借鉴美国、欧盟、日本等经济体经验，提出了应对措施。

能源供应中断方面：（1）短期影响表明，在其他条件一致的情况下，占比份额大的能源，一旦供给中断对经济的影响越大，但能源储备能够有效降低能源供给中断的损失；（2）长期影响表明，能源供给中断会造成经济系统一定的失衡，在经济系统达到新的均衡状态前，能源供给缺少会对经济发展造成一定的负面影响，使GDP增长下降，居民和政府收入降低，产业部门价格上涨。

价格波动方面：（1）总量上，短期看能源价格波动对中国CPI和PPI的短期影响作用较小，但长期看能源价格波动对中国的PPI和CPI具有显著的促进作用；（2）结构上，短期看能源价格波动对中国居民消费、对外贸易具有较小的正向效应，对投资具有短期的负效应。长期看能源价格波动对中国居民消费和对外贸易具有负向关系，但对投资具有显著正向关系。

能源转型方面：现阶段可再生能源对经济增长的

拉动作用有限。大力发展可再生能源必须同时估计其对未来经济可能产生的冲击。过高比例的可再生能源发展将给经济系统带来高昂的转型成本，其发展应遵循科学发展观，盲目地效仿他国是不可取的。

关键词：能源；经济安全；经济评估

Abstract: Economic security is an important part of national security, and energy security is directly related to economic security. Starting from the connection between energy and economy, this book analyzes the role of energy in the national economy and its impact on the economy when it is unsafe. It specifically analyzes the identification of supply disruption, price fluctuation, energy transition risks and their impact on the economy. On this basis, drawing on the experience of the economies of the United States, the European Union, and Japan, the countermeasures were proposed.

In terms of energy supply interruption: (1) The short-term impact shows that, when other conditions are equal, the energy with a large share, once the supply interruption, it will have a greater impact on the economy, but energy reserves can effectively reduce the loss of energy supply interruption; (2) The long-term impact shows that the interruption of energy supply will cause a certain imbalance in the economic system, before the economic system reaches a new equilibrium, the lack of energy supply will have a certain negative impact on economic development. The GDP and incomes of residents and government will decrease; prices in the industrial sector will increase.

In terms of price fluctuation: (1) In terms of total volume, the short-term impact of energy price fluctuation on China's CPI and PPI is relatively small, but in the long run, energy price fluctuation will have a significant promotion effect on China's PPI and CPI; (2) Structurally, short-term energy price fluctuation will have a small positive effect on China's residents' consumption and foreign trade, and a short-term negative effect on investment. In the long run, energy price fluctuation will have a negative relationship with China's residents' consumption and foreign trade, but a significant positive relationship with investment.

Energy transformation: At this stage, renewable energy has limited effect on economic growth. Vigorous development of renewable energy must also estimate its possible impact on the future economy. An excessively high proportion of renewable energy development will bring high transformation costs to the economic system. Its development should follow the scientific concept of development, and it is not advisable to blindly emulate other countries.

Key words: Energy; Economic Security; Economic Assessment

目 录

一 能源在国家经济安全中的作用 …………（1）
（一）经济安全的概念 …………………………（1）
（二）能源安全和经济安全的联系 ……………（7）
（三）国内外研究现状及本书的研究视角、
　　　框架与意义 …………………………（12）

二 能源领域对经济安全的影响及风险分析 ……（23）
（一）基于重大历史事件背景下的能源供应中断
　　　问题分析：来自日本的证据 …………（23）
（二）基于大时间尺度的能源效率提升问题
　　　分析：来自美国的证据 ………………（28）
（三）价格异常波动对经济安全的
　　　影响分析 ………………………………（32）

三 中国能源经济运行的主要特征、风险及影响 …… （38）
   （一）近年来中国能源经济运行情况分析 …… （38）
   （二）基于大数据技术的能源风险识别与评估 …… （45）

四 能源供给中断对经济的影响及对策 …… （55）
   （一）能源供应概况 …… （56）
   （二）能源供给中断风险识别 …… （65）
   （三）能源供给中断对经济影响的理论模型 …… （68）
   （四）能源供给中断对经济短期影响的测算 …… （71）
   （五）能源供给中断对经济长期影响的测算 …… （78）
   （六）结论 …… （88）

五 能源价格波动的影响分析 …… （91）
   （一）能源价格指数的构建与应用 …… （91）
   （二）价格波动对国民经济发展的影响 …… （96）
   （三）能源价格波动对产业产出的影响 …… （117）

六 能源转型的成本及风险分析 ……（136）

（一）中国能源转型及其问题 ……（136）

（二）能源转型面临的经济成本制约 ……（139）

（三）世界主要国家低碳转型特征及驱动
因素分析 ……（144）

（四）不同情景下能源转型的风险及成本
分析 ……（148）

（五）结论及政策建议 ……（155）

七 降低中国能源经济安全风险的举措 ……（157）

（一）国际经验借鉴 ……（157）

（二）针对供应中断措施 ……（171）

（三）针对价格异常波动的措施 ……（177）

（四）针对能源转型风险的措施 ……（179）

参考文献 ……（184）

一 能源在国家经济安全中的作用

（一）经济安全的概念

国家经济安全是国家安全的一个重要方面，作为具体的经济学研究概念虽然提出时间不长，但在漫长的人类社会发展进程中，虽然很少被显性地提及，但其一直伴随着人类社会发展并对人类社会发展进程发挥着巨大的影响。国内外历次重大历史进程的起源及发展，均可以找到原有经济系统崩塌的影子，一部中国古代历史，基本上是"原有经济秩序被破坏—经济崩塌—社会、政治严重不稳定，国力严重削弱—外族入侵成功或内部政变改朝换代等方式建立新的经济秩序—经济稳定发展—经济安全不稳定因素逐渐增多"的反复演变。这一阶段的经济安全主要是本国内部经济发展的安全态势。近代以来，随着全球政治、经济、文化联系的日益紧密，特别是近几十年冷战结束、全球化进程加快以来，国家间的利益争夺使开放条件下外部因素对一国经济的影响成为国家经济安全的重要组成部分。

第二次世界大战以来，特别是冷战结束后，世界主要国家间爆发大规模军事冲突的传统国家安全危机的可能性大幅下降。自冷战时期经济安全的概念被正式提出以来，经济安全在国家安全中的地位日渐重要。随着世界局势的变迁和人们对国家安全概念的重塑，国家经济安全的概念经历了不断发展的过程，形成了两种具有代表性的观点。

一种观点是从传统的国家安全观出发，认为经济安全是军事、政治安全的附属品，也是军事力量和权力的支撑，经济安全只被看作是一种手段，经济力量的削弱会间接影响国家军事安全和国家权力从而威胁国家安全。在经济全球化进程加快后，这种观点主要研究全球经济一体化对国家安全的影响，认为经济安全主要是强调开放与国家自主权的丧失之间的联系，并认为贸易、金融、货币的相互依存是国家经济安全因素的重中之重。

另一种观点是从经济发展的角度看待经济安全，认为经济安全是经济本身的安全。强调经济本身的安全实际上是将经济安全视为一种值得追求的目标，经济发展是国家安全的本质。这种观点认为，为避免国家经济福利受到严重被剥夺的威胁，必须保证重要经济资源的有效供应，避免经济主权受到威胁，保障经济正常发展。目前这种观点得到了广泛认可。

随着时代的发展，国内外对经济安全概念的认识逐渐趋于一致，国家经济安全是指主权国家的经济发展和经济利益不受外部和内部的威胁而保持稳定、均衡和持续发展的一种经济状态，它表现为经济主权独立，国家支柱产业的国际竞争力不断增强，经济发展所依赖的市场和资源供给得到有效保障，经济发展的进程能够经受国内外经济动荡的冲击。它也指一个国家的经济竞争能力，抵御国外对本国经济的各种干扰、威胁、侵袭的能力，以及使本国经济得以存在并不断发展的国内、国际环境。由于一国往往对来自外部的冲击更难以进行有效控制，因而大量关于经济安全的研究都关注外部因素的影响，在这种意义下经济安全是指在开放条件下一国如何防止金融乃至整个经济受到来自外部的冲击，由此引发动荡并导致国民财富大量流失，以及对来自外部的冲击和由此带来的国民经济重大利益损失的防范，是一国维护本国经济免受各种非军事政治因素严重损害的战略部署。

综合国内外分析，本书认为经济安全是指一国的经济发展和经济利益不受内部和外部因素的破坏和威胁的状态，即一国经济在整体上与该国的政治、社会、文化发展相匹配的状态，本质上是经济状态能承载在其上的政治、社会和文化发展并有抵御冲击的能力，表现为经济主权独立、基础稳固、运行健康、增长稳健、发展持续，不会因为某些因素的演化使国民经济整体遭受过大的打击或损失过多的经济利益，能够避免或化解可能发生的局部或全局性经济危机。

一般认为，经济安全的内容包括金融安全、产业安全和经济信息安全三方面，金融安全是经济安全的核心，产业安全是经济安全的基本内容，信息安全是经济安全的基本环节。还可以从生产要素、区域、产业等不同的角度进行划分：从生产要素角度可分为资源安全、技术安全、人口安全、环境安全；从区域角度可分为国内经济安全和国际经济安全；从产业角度可分为工业安全、金融安全、农业安全等。

由于经济系统的复杂性，影响经济安全的因素是多方面的、相互影响的、难以预测的，这些特点使得经济安全问题的爆发既有必然性，也有偶然性。在全球化背景下，贸易、金融、外商投资成为外部因素影响一国经济安全的重要领域和传递渠道。产业政策、科技政策、贸易政策、战略资源的保障、生态环境等都与经济安全息息相关。

在"和平、发展"的时代主题背景下，各国政府均高度重视国家经济安全问题。苏联解体后，俄罗斯经济秩序混乱,经济主权岌岌可危,俄罗斯政府于1996年明确提出了国家经济安全战略和国家安全基本构想,以谋求俄罗斯在经济利益不受威胁状态下的国家转轨和持续发展,普京执政后,一直将恢复俄罗斯国家经济安全、复兴苏俄辉煌作为经济施政的主要方针。美国在20世纪90年代中期就将保持美国经济繁荣作为国家安全的中心目标,以经济实力支撑军事力量,以军事力量保障其获取、占据全球资源、市场以促进经济繁荣,为保护其国内产业发展不受中东石油供应中断的威胁、保持全球领先经济体的地位,发动了两次海湾战争和伊拉克战争。日本自第一次石油危机后,深感以重化工产业为主的国家经济发展安全受到威胁,基于本国国情以保障海外资源供应为主要目的的经济安全战略思路和政策运作持续贯穿于日本经济发展实践中。法国、英国、印度、韩国等主要国家纷纷依据本国国情,制定和实施了保护本国经济安全的战略和方针。2018年3月以来,美国频频挑起的全球贸易争端,便可视为其以贸易手段试图维持本国经济安全。

中国历届党和政府高度重视经济领域的安全问题。苏联撤走专家和经济援助后,中国坚定了独立自主发展经济的决心,依靠高度单一的计划经济把握着自己的经济命运。改革开放后,随着经济社会的发展、与全球经济的广泛深入联系,在冷战结束后周边军事压力有所减小的背景下,中国经济安全面临内部经济体制机制改革和对外开放扩大的双重冲击,20世纪80年代中国"粮食安全"、90年代"能源安全"、21世纪初期"网络安全""金融安全""制造业安全"问题凸显,中国的经济安全问题引起了广泛的关注和重视。中国共产党第十五次全国代表大会报告明确提出了"要维护国家经济安全",党的十六大报告指出"要十分注意维护国家经济安全",党的十七大报告提出了"要切实维护国家经济安全,完善国家经济安全的法律法规,构建有效的国家经济安全体制机制,增强国家经济安全监测和预警、危机反应和应对的能力,依法保护中国海外资产和人员安全",党的十八大以来中国提出总体国家安全观的概念,经济安全是国家安全的基础,党的十九大报告将"坚持总体国家安全观"作为新时代坚持和发展中国特色社会主义的基本方略之一。

随着中国经济总量跃居世界第二、综合国力不断提升,改革发展和对外开放日渐进入深水区,国内外经济、金融、政治、社会、科技、文化环境发生巨大变迁,中国经济系统的复杂性不断增加。特别是美国特朗普总统执政以来,中国外部发展环境发生深刻变化,构建和完善以经济安全为基本内容的总体国家安全观,对保障和稳定中国当前和今后一个时期的经济发展具有极其重要的意义。

(二) 能源安全和经济安全的联系

1973年石油危机对世界经济造成巨大冲击，1974年世界主要发达国家成立国际能源署（IEA），以稳定原油供应和价格为中心的能源安全概念建立并不断延伸。IEA认为能源安全就是以合理的价格获取充足的能源供给。[①] 由于石油是当前世界应用最广泛的能源资源，西方主要国家除俄罗斯外，多数为石油净进口国，国内外对能源安全的关注多聚焦于石油安全，认为能源安全对进口国与出口国有不同的意义，对进口国的核心内涵是要获得充足的能源供应以维持国家经济增长，能源安全主要是指能源消费国的能源供应安全，即要保障充足、可靠的能源供应，进而从国际地缘政治的角度分析石油资源的获取、运输安全，认为能源安全就是综合运用政治、外交、军事力量保障石油稳定供应的安全，在保证能源供给条件下的能源价格因素也是能源安全的重要因素，并进一步提出了能源安全的实质是保证经济安全和能源生态环境安全的统一，其中能源经济安全是能源安全的核心。

---

① International Energy Agency, Energy Technology Policy, OECD/IEA, Paris, 1985.

能源安全的内涵随着时代变迁不断丰富发展，近年来逐渐从传统的单独强调能源供应安全转为强调综合性的能源安全，主要包括：充足且可持续的能源供给、合理能源价格、能源使用和环保安全四个方面。充足且可持续的能源供给安全主要围绕传统能源安全观下对保障获取能源资源的地缘政治、外交分析展开，合理能源价格从能源消费国的角度对经济发展所能承受的能源价格水平展开分析，能源使用和环保安全是从能源效率和获取、使用对环境影响的角度考虑能源安全问题。

能源从来都是一个事关国民经济命脉的关键因素，能源行业几乎对所有行业均有不可替代的影响作用。能源作为重要的生产要素，对经济发展具有全面、深远、重要的影响。能源安全是经济安全的重要方面，是国家安全体系的一部分，同时也是影响经济安全的重要因素。

作为现代经济社会最重要的基础资源类产品，供应充足的能源保障是经济社会进步、发展的前提。根据经济增长理论，当能源供应短缺造成其无法与国内发展所需的资本、技术、人力、市场等要素同步时，经济发展将因此受到抑制，没有能源供应安全就没有经济安全。1973年中东石油禁运造成西方石油短缺，主要石油净进口国的经济增长均受到重挫。正是因为石油在经济发展中的战略作用，近现代以来的重大国际纷争及全球热点问题均围绕能源资源的争夺、占有展开。中国在20、21世纪之交时的电力短缺也一度造成经济增长瓶颈。当前部分东南亚国家、非洲国家的经济发展均受制于国内能源资源的有效供应，"一带一路"倡议重点推进的能源投资、建设项目正是解决了这些国家经济增长长期面临的能源短缺困境，通过保障生产要素助力当地经济发展。这也解释了"一带一路"倡议广泛受到当地国家和人民欢迎的原因。

由于能源在国民经济系统中的基础性地位和整体的不可替代性，能源价格对经济安全有重要影响。能源安全视角下的能源价格风险是客观存在的，其包含两重含义：一是反映了能源价格不可预知的波动程度，即能源价格的不确定性对经济发展的影响风险；二是过高和过低的能源价格都不利于宏观经济的整体运行，对经济发展均有负面影响。能源价格的不确定性会影响经济参与者对未来经济发展和收益的预期，进而影响投资、消费的决策，影响就业和经济发展。和资本类似，充足、价格合理的能源供应能降低经济生产成本，扩大利润，促进投资、消费，增加就业，提高经济产量，并在一定程度上抑制通货膨胀，但也会抑制社会对新能源的需求，进而对新能源的研发、生产投资、能源技术进步造成负面影响。反之，高企的能源价格将推高企业和社会运行成本，降低企业利润，增加个人生活成本，抑制投资和消费，减少经济产出，并推高物价，但也会带动对替代能源的投资。存在一个能源价格的区间，能够保障国民经济保持一定水平发展，提高节能，推动替代能源发展，即使整体经济效果达到最佳。一定发展水平下存在一个最高可接受的能源价格，也存在一个合理的能源价格不确定性的区间。一旦能源价格突破安全阈值，将对整体经济发展造成严重影响。中国作为主要原油净进口国，在2002—2008年一路高涨的国际原油价格背景下，承担了高昂的原油涨价成本，但同期中国经济快速增长，一定程度上掩盖了能源价格快速上涨带来的通货膨胀和抑制经济增长的影响。高度依赖石油出口的俄罗斯经济在油价上涨时受益，但在油价低迷的2014—2017年，经济增长显著受限。

环境是社会生存、经济发展的基石，环境的破坏必然导致经济安全程度的降低。能源的勘探、生产、储存、运输、消费都会对环境造成负面影响，能源对环境的破坏也严重制约着经济安全。能源生产和消费对土地、水、空气等环境因素的破坏，一方面造成庞大的环境修复成本，挤占经济正常发展所需的资源；另一方面，被破坏的环境降低其他生产要素的效率，最终降低经济的产出。最重要的是环境的破坏会严重影响人和其他生物的健康，造成庞大的健康开支，引起国民对当前状况的不满，优质人力资源和企业会考虑搬迁，进而降低企业投资和人们就业的意愿。能源安全视角下的环境问题对经济安全的影响随着经济发展程度的增高而不断加大。中国由于"富煤、贫油、少气"的资源禀赋国情，在生产和消费中大量使用煤炭，造成中国能源结构对环境的不友好状态，加之中国多年的粗放发展方式、能源效率低下，中国走上了一条西方发达国家普遍走过的"先污染，后治理"的发展路径，导致中国环境逐渐难以继续承载经济和社会的发展，国家经济发展和人民健康受到影响。因此，环境意义下的能源安全对经济安全有重要影响。

能源安全对经济安全不只有单方向的影响，能源安全会影响经济安全，经济安全反过来也会影响能源安全。当一国经济发展良好时，便有足够的资源发展能源行业、获取和保障能源供应、优化能源结构、承受能源价格风险，使能源安全保持在较好的水平。当一国经济陷入困境时，往往国内外的经济、政治、金融环境难以有效支撑其投资维持能源设施和发展能源行业，能源供应也难以有效保障，国内经济的脆弱性使其对能源供应短缺和能源价格风险的承受力降低，本国能源安全水平也将随着经济安全水平的降低而下降。苏联解体后的俄罗斯经济濒于崩溃，国内能源设施缺乏资金维护，能源勘探、生产没有资金支持，国内油气产量大幅下滑，大量原苏联国有能源公司被低价私有化或被外资收购，国家能源安全水平低下。随着俄罗斯经济的好转和国力复苏，俄罗斯一方面投资油气资源勘探、开发，增加油气产量；另一方面积极收回原来出售的能源公司的股份，能源安全水平得到了较大提升。

综上所述，在现代经济社会，能源安全既是经济安全的重要内容和影响因素，也是经济安全的重要前提，同时，能源安全和经济安全相互依存、互相强化，独立于经济安全的能源安全是不存在的，缺少能源安全的经济安全也是不真实的。因此，保障能源安全是确保经济安全的应有之义，也揭示了能源安全在国家总体安全体系中的极端重要性。

（三）国内外研究现状及本书的研究视角、框架与意义

1. 国内外研究现状

（1）国家经济安全与能源安全研究

安全始终是人类生存与发展的第一需要，更是当前经济全球化形势下各国发展的基本保障。一国的国家安全包括国防、外交、政治、经济、文化等各个方面，本书重点研究国家经济安全中的能源经济安全。

国外学术界对于国家经济安全的研究已超过半个世纪，在美苏冷战时期形成的传统经济安全观认为经济安全就是一国的战略资源安全，保障战略资源安全也就是保障了国家军事和政治的安全。冷战结束后，全球化浪潮兴起，经济安全问题的研究逐渐由军事和政治的需要转化为研究重点主体出现。[1] 学术界将经济现象视为不可避免的政治因素，并将经济问题视为安全研究的核心。[2]

中国对国家经济安全的研究始于改革开放初期，"中国粮食安全问题"率先获得专家学者的高度关注。粮食不仅关系国计民生，更是保障国家安全、牵引经济发展的基础。20世纪90年代以前的研究以碎片化为特点，没有形成较为系统的研究。[3] 90年代以后，更多对于国家经济安全的量化监测不断出现。入世之后，经济全球化发展成为中国经济发展的机遇与挑战。此时对于经济安全的研究更加深入，如张汉林等[4]将国家经济安全划分为粮食安全、就业安全等，构建量化指

---

[1] Anton Grizold, The Concept of National Security in the Contemporary World, *International Journal on World Peace*, Vol. 11, No. 3, 1994, pp. 37–53.

[2] Kirshner J., Sovereign Wealth Funds and National Security: The Dog, That Will Refuse to Bark, *Geopolitics*, Vol. 14, No. 2, 2009, pp. 305–316.

[3] 陈斌、程永林：《中国国家经济安全研究的现状与展望》，《中国人民大学学报》2020年第1期。

[4] 张汉林、魏磊：《全球化背景下中国经济安全量度体系构建》，《世界经济研究》2011年第1期。

标，建立起经济度量体系。

能源是国家经济社会发展的基本要素，能源安全问题自能源危机发生之后被广泛关注与研究。新时期中国学界主要从经济、政治、战略等角度定性定量分析能源安全问题。对于能源安全的内涵研究视野不断发展演变，从一种能源品种（石油、煤炭等）的安全观延伸到综合能源安全观。[1] 中国学者周新军认为分析能源安全首先要考虑能源结构现状、能源供需平衡以及能源使用中的安全性问题。[2] 世界能源格局的复杂形势使中国能源安全面临一系列新的挑战，能源安全政治问题凸显。[3] 张宇燕等运用政治经济学的方法，从世界能源格局角度探讨国际石油市场以及油价波动问题。[4] 国内学者在能源经济方面也做了大量实证研究。如，林伯强等运用 CGE 方法研究能源价格对宏观经济的影响，发现能源价格除了影响经济增长，还将推动产业结构变化。[5] 李根等基于新常态和 WSR 系统方法

---

[1] 朱成章：《煤电关乎中国能源安全刍议》，《中外能源》2012 年第 1 期。

[2] 周新军：《我国能源安全的内涵界定——基于"十五"期间统计数据的分析》，《中外能源》2008 年第 2 期。

[3] 史丹：《全球能源格局变化及对中国能源安全的挑战》，《中外能源》2013 年第 2 期。

[4] 张宇燕、管清友：《世界能源格局与中国的能源安全》，《世界经济》2007 年第 9 期。

[5] 林伯强、牟敦国：《能源价格对宏观经济的影响：基于可计算一般均衡（CGE）的分析》，《经济研究》2008 年第 11 期。

论，建立了能源安全评价指标体系。[1]

(2) 能源对经济增长的影响研究

能源投资、能源消费与经济增长存在长期协整关系。[2] 目前国内外关于能源与经济增长的研究集中于能源结构、能源消费、碳排放以及环境规制与经济增长之间的关系。何则等[3]研究了中国能源消费与经济增长的相互演进态势及驱动因素，发现能源强度是影响能源消费增长的重要驱动因素，中国能源消费与经济增长两者增长态势高度一致。国外学者曾研究十大能源消耗国的能源消耗与经济增长之间的关系，得出经济增长与能源消耗之间存在正相关关系的结论，这项研究为经济的可持续发展提供了政策指导建议。[4] 然而亚里克斯等人的一项研究表明经济增长与能源消费没有

---

[1] 李根、张光明、朱莹莹等：《基于改进AHP – FCE的新常态下中国能源安全评价》，《生态经济》（中文版）2016年第10期。

[2] 汪潇、汪发元：《能源工业投资、能源消费对经济增长的影响》，《统计与决策》2019年第20期。

[3] 何则、杨宇、宋周莺等：《中国能源消费与经济增长的相互演进态势及驱动因素》，《地理研究》2018年第8期。

[4] Muhammad Shahbaz, Muhammad Zakaria, Syed Jawad Hussain Shahzad, Mantu Kumar Mahalik, "The energy consumption and economic growth nexus in top ten energy-consuming countries: Fresh evidence from using the quantile-on-quantile approach", *Energy Economics*, Vol. 71, 2018, pp. 282 – 301.

显著的因果关系，能源消费单向导致经济增长。① 纪建悦等人②基于代际交替模型将环境规制、健康人力资本及生产性资本纳入分析框架，指出环境规制对经济增长产生正负两方面影响。

大量的文献研究可以提供能源与经济增长互相影响的依据，经济增长依赖能源消费投资增长和能源结构优化，能源安全离不开经济发展。因此一国经济水平上升对能源安全的保障极其重要。

（3）能源供应安全的研究

能源供应安全受到越来越多的关注。李雪慧等人根据2017年年底中国出现的天然气供应紧张局势分析得出中国面临的能源供应风险主要集中在国内，不同品种能源的结构性、局部性不均衡问题将日益凸显。③ 1994—2008年，中国的能源供应安全呈现下降趋势，自2009年以来，中国的能源供应安全水平有所提高，这一变动归因于国际能源环境相对稳定以及能源政策

---

① Alex O. Acheampong, "Economic growth, CO_2 emissions and energy consumption: What causes what and where?" *Energy Economics*, Vol. 74, 2018, pp. 677–692.

② 纪建悦、张懿、任文菡：《环境规制强度与经济增长——基于生产性资本和健康人力资本视角》，《中国管理科学》2019年第8期。

③ 李雪慧、史丹、聂新伟：《中国能源供应形势及潜在风险分析》，《中国能源》2018年第7期。

的有效实施。① 国外学者 2014 年的研究发现能源多样性对于确保能源供应过程的安全很重要，同时消费者生活方式的创新将成为未来能源安全的一部分。②

（4）能源价格波动的影响研究

第二次世界大战以来，石油冲击已被视为抑制经济增长的主要因素之一。能源价格波动影响宏观经济发展的研究在 20 世纪 70 年代石油危机引发的经济大萧条后受到重视。能源价格波动可对能源—环境—经济系统产生正面或负面影响。③ 学界对于能源价格波动问题的研究集中在几个方面，包括能源价格与物价水平和宏观经济的关系、石油价格对经济增长的影响、煤炭价格波动、天然气价格波动的影响、能源价格与产业发展关系、能源价格波动风险评价以及能源价格与国际贸易关系等。

国内外相关研究中大多证实能源价格波动与经济增长之间具有负相关关系。孙稳存研究了能源冲击对中国宏观经济的影响，认为中国能源总体价格上升导

---

① Jiang-Bo Geng, Qiang Ji, "Multi-perspective Analysis of China's Energy Supply Security", *Energy*, Vol. 64, 2014, pp. 541–550.

② Eriko Kiriyama, Yuya Kajikawa, "A Multilayered Analysis of Energy Security Research and the Energy Supply Process", *Applied Energy*, Vol. 123, 2014, pp. 415–423.

③ 郭正权、张兴平、郑宇花：《能源价格波动对能源—环境—经济系统的影响研究》，《中国管理科学》2018 年第 11 期。

致产出缺口的产生，最终造成产出损失。①丁志华等人定量分析了国内外石油价格波动对中国物价水平的差异性影响。②天然气价格改革是中国能源体制改革的重要领域，研究中国天然气价格波动与原油价格、国家经济水平、居民消费水平、工业产品相关价格、天然气发电消耗（电价）等相关指标之间的关系有重要意义。③然而在张恒等的研究中可以发现能源价格冲击对中国宏观经济的影响相对有限。④

（5）能源转型的成本及风险研究

由于气候变化和环境压力，当前国际能源发展形势已不再以传统化石能源为主，大力发展新能源产业，实现能源成功转型，成为新的潮流。国内学者史丹⑤认为能源转型的内涵为："能源生产和消费结构发生根本性的改变，并对一国社会经济发展乃至全球地缘政治格局产生深刻影响。"

---

① 孙稳存：《能源冲击对中国宏观经济的影响》，《经济理论与经济管理》2007年第2期。
② 丁志华、李文博：《石油价格波动对我国物价水平的影响研究——基于高对外依存度的视角分析》，《价格理论与实践》2014年第10期。
③ 薛凤、黄圣明：《天然气价格变动影响效应研究——基于VAR模型和脉冲响应函数的分析》，《价格理论与实践》2018年第11期。
④ 张恒、王彬：《能源价格冲击对宏观经济的动态影响与溢出效应》，《西安交通大学学报》（社会科学版）2014年第5期。
⑤ 史丹：《全球能源转型特征与中国的选择》，《经济日报》2016年8月18日。

能源转型过程具有长期性、多维性和不可逆性等特征①，转型的过程是需要付出成本和代价的。中国能源转型的难点在于能源消费引起的环境问题日趋严重，高碳的经济增长模式还将持续一段时间，化石能源补贴政策抬高可再生能源的门槛，缺乏系统的能源转型的政策法律体系等。② 以德国为典范，国际上能源转型较为成功的经验值得中国深入学习与借鉴，从而推动中国能源转型取得切实成效。

2. 研究视角

本书以识别、评估、量化当前中国能源安全风险为目标，把能源置于宏观经济整体框架中，以保证经济安全为最终目的，基于能源对经济长期影响的历史数据，识别、分析了影响中国能源安全的主要因素，并对能源供应变化和价格波动、能源转型三大风险因素对中国经济安全可能产生的影响进行了分析。本书对近年来中国能源经济运行进行了分析，并从能源对经济的影响出发揭示了中国能源安全的主要风险点，

---

① 史丹：《推进中国能源转型的供给侧措施》，*China Economist* 2017 年第 1 期；Marina Fischer-Kowalski, Elena Rovenskaya, Fridolin Krausmann, Irene Pallua, John R. Mc Neill, "Energy transitions and social revolutions", *Technological Forecasting and Social Change*, Vol. 138, 2019, pp. 69 – 77.

② 朱彤、王蕾：《国家能源转型：德、美实践与中国选择》，浙江大学出版社 2015 年版。

采用大数据方法对近年来中国能源安全风险进行了评估和量化，并分析、展望了2019年中国能源运行和风险状况。从能源安全与经济安全的关系出发，分析确保经济安全所需达到的能源安全态势，采用定性和定量分析方法探究了当前中国经济稳定发展所面临的能源供应中断风险、能源价格风险、能源转型风险对宏观经济总量和结构的影响。最后在以上研究的基础上提出降低中国能源经济安全风险的建议和措施。

3. 研究框架

第一部分概述能源在国家经济安全中的作用，综述国内外研究现状及本书的视角、框架和意义。

第二部分基于对大时间尺度的能源发展规律及重大风险、危机事件的总结与分析（主要通过分析供应中断、价格异常波动及能源结构转变带来的影响），展开能源领域对经济安全的影响及风险分析的研究。

第三部分分析了近年来中国能源经济的运行，并从能源对经济的影响出发揭示了中国能源安全的主要风险点，采用大数据方法对近年来中国能源安全风险进行了评估和量化，并分析、展望了2019年中国能源运行和风险状况。

第四部分分析不同情景下能源供应中断的风险损失及其影响，主要分析对经济增长、物价和就业等的影响，不同情景下主要考虑中断能源品种，时间长短，战略储备数量，中断的原因等。

第五部分通过构建综合能源价格指数，分析能源价格波动对国民经济总量和结构的影响。

第六部分通过分析不同能源转型成本对经济发展、就业、产业竞争力的影响，对比分析能源转型的成本及风险。

第七部分基于前述各部分的分析，提出降低中国能源经济安全风险的举措。

4. 研究意义

研究能源经济安全风险评估问题，对确保新时代背景下中国经济稳定健康发展有重要的理论和现实意义。

一是丰富了能源安全理论。传统能源安全更强调"硬"的安全观，虽然承认能源价格、结构转型对能源安全有重要影响，但仅将价格、结构转型作为获取能源资源的一个附庸，根本出发点仍是确保能源的充足供应，对能源价格、结构转型风险下"软"的能源安全研究不足。本书从另一个角度拓展、深化了能源安全的研究范围：在国际市场供应充足的情况下，围绕能源价格的不确定性对经济发展的影响和能源的绝对价格对经济发展的影响和中国能源结构转型，系统地研究能源安全问题。

二是扩展了能源价格风险的含义，使能源价格风险具有能源价格不确定性带来的风险和能源绝对价格带来的风险两重含义，并对能源价格风险量化展开了研究。

三是有较强的现实意义。从目前中国发展所处的国际局势和能源发展形势来看，随着经济全球化的推进，中国获得经济发展所需的能源供应在很大程度上是有保证的，但能源供应中断的概率仍存在，特别是美国挑起贸易争端以来国际形势更加复杂多变。中国经济能承受多高的能源价格、中国石油产业能承受多低的能源价格、能源价格波动的不确定性对中国经济发展究竟有多大的影响，这些问题使能源价格风险已成为中国新形势下面临的重要能源安全问题，怎样构建基于能源价格风险的能源安全监测系统以及如何确保中国能源价格风险可控，进而提升新时代、新形势下中国的能源安全水平，对确保中国的能源安全有重要意义。中国的能源结构正在发生深刻变化，如何确保中国能源稳定及安全转型对中国经济发展、能源工业运行具有重要意义。从上述来看，本书具有较强的现实意义。

二 能源领域对经济安全的影响及风险分析

（一）基于重大历史事件背景下的能源供应中断问题分析：来自日本的证据

20世纪70年代的两次石油危机严重打击了西方国家经济情况，但两次危机的冲击程度大不相同，且第一次石油危机（1973年）造成的冲击远远大于第二次石油危机（1979年），其原因在于：第一，第一次石油危机背景下的"石油供给冲击"与20世纪60年代至70年代初西欧、日本的"石油需求冲击"相遇，致使石油价格保障与石油需求激增叠加，导致"历史性的石油危机"；第二，由于时机问题，第一次石油危机正赶上战后西方经济衰退等因素复合叠加作用于石油危机，加深其对世界经济的冲击。此外，当时各国并未对能源安全问题起相当的重视及拥有相关应对经验，以至于被这突如其来的"第一次"打蒙了,正如丹尼尔·耶金[①]所描述的:"到处是惊愕、恐慌、混乱、短缺、经济不安;企业、中间商、政府都疯狂地争抢石油;各国大臣亲自飞往世界各地寻找石油供应源;世界政治经济势力关系从号称'北方'的石油进口国向号称'南方'的第三世界倾斜;欧美各国因为石油禁运而关系紧张、反目、相互指责或抢在他国之前获取石油供应;有的国家则与石油出口国结成特殊关系以求获取石油'特供';第二次世界大战后西方国家之间的团结发生动摇,形成了非常麻烦的、最糟糕的危机。"

1. 第一次石油危机的影响及冲击

不同国家对石油特别是中东石油的依赖不同,导致各国受石油危机冲击的程度也有所不同。在第一次石油危机前,日本已显示出对石油的高度依赖,具体表现在,日本的能源弹性为1.1—1.2,而石油弹性值高达1.6—2.5。与此同时,日本石油消费量的72%是从中东进口的,超过欧共体九国63%的进口水平,而较早注意到能源安全问题的美国的石油消费量仅有14%—18%是从中东进口的。

[①] [美]丹尼尔·耶金:《奖赏:石油、金钱与权力全球大博弈》,艾平译,中信出版社2016年版。

显然，西方各国受石油危机冲击的程度大小与各国对能源安全问题的重视程度高低成反比。日本是最依赖中东石油的国家所受到冲击的程度也最大，其次是西欧，再次是美国。然而，即便是对受冲击最小的美国而言，在此情形下，由于国内石油生产衰减，无力增加产量以应对危机，导致油价上涨，出现了许多异常事态，如加油站前汽车排长队；飞机航班大量取消；国会围绕石油危机原因产生分歧大吵特吵；"一夜之间增加了1000多万名穷人"等。

当时，严重依赖石油进口的日本国内居然没有应对石油危机这样紧急事态的政策手段和抑制消费及投机行为的法律，从而使日本所受到的打击在发达国家中最为严重。有研究显示，石油危机给日本带来"三重苦"：一是经济增长率下降，1974年的实质增长率为-1.2%，是第二次世界大战后首次出现负增长；二是物价上涨，1974年消费者物价上涨率达23.2%，是战后除战败之初的混乱期外、作为平时最高物价的上升率，被时任副总理、经济企划厅长官的福田赳夫（Takeo Fukuda）称为"狂乱物价"；三是国际收支转为赤字，因为石油对于经济来说是"必需品"，即使价格上涨也无法在短时期内减少使用量，因而石油危机后进口石油花费的金额急速增加，致使日本的贸易收支和经常收支均呈现赤字化，1974年日本国际收支赤字达1.3万亿日元（相当于名义GDP的1.0%），是战后最大的国际收支赤字。总之，第一次石油危机后的日本经济增长、物价、国际收支均陷入战后最糟糕的状态。

2. 危机事件的总结与分析

（1）国际关系是影响能源安全的重要因素。国际关系因素包括：一是国家间实力消长造成的地区力量结构变动；二是国家内政变动和"选边站队"造成的地区局势突变。总的来说，就是国家间关系的变化对跨国运输以及能源供应都会产生影响。就能源安全而言，关注国际能源运输线的安全和油价的波动至关重要，而不是把重点放在假想的危机时期能否让本国买到石油。如果我们将关注的焦点放在国际能源运输线上，那么包括中国、美国在内的能源消费国将找到合作的领域，并在一定程度上消除当前的竞争和冲突。如果我们将关注的焦点放在稳定油价上，那么应采取更加市场化的手段。以欧洲为例，他们一是给予企业更大的灵活性。在可能出现供应中断的情况下，允许天然气市场的参与者（供应商和输送系统运营商）先于政府采取应对措施；二是加强市场化运作。加强市场透明度，使市场参与者，尤其是工业客户知晓实情，抑制消费方的需求。

(2) 多元化是能源安全的关键。当年，丘吉尔在回答如何确保英国皇家海军的石油安全这一问题时指出："对于石油安全及其保障而言，依赖于多元化，而且只是多元化。"多元化能保障能源安全的根本原因在于通过多元化可以分散风险。能源安全的多元化不仅体现在能源品种使用的多元化上，能源的运输安全也需要多元化。石油危机后期，世界各国开始积极寻求石油的替代品，美国开始积极发展天然气，日本则将主要精力集中于核能发电，欧洲国家开始积极探索可再生能源的应用及发展。在运输安全上，主要表现在运输线路的多元化、利益相关方的多元化以及运输线路承运份额的均衡化和互补性。

(3) 科技进步是影响能源安全的重点。保障能源安全，离不开科技进步的支持，换句话说，只有依靠科技进步才能真正保障能源安全。1973年第一次石油危机，使对中东地区石油依赖最大的日本遭受最严重的冲击，其后日本通过升级产业结构、推进企业经营合理化、改善高耗能产业的能源利用效率，比其他西方国家更顺利地渡过了石油危机。值得注意的是，这里所说的科学技术不仅是指能源科学技术，也不仅是指自然科学技术，而且是包括社会科学在内的"广义的"科学技术。第一次石油危机后，人们开始重视低碳经济的发展以及循环经济社会的构建，这些计划的实施不仅需要自然科技人员的推动，同样需要社会科学工作者的积极贡献。

（二）基于大时间尺度的能源效率提升问题分析：来自美国的证据

1. 能源效率提升的意义及其影响

过度依赖国外能源将引起一系列的安全问题，包括蓄意的石油进口限制，能源价格剧烈波动造成的国家脆弱性，以及他国对本国外交政策的限制。国内安全问题包括针对基础设施（如电网）的恐怖袭击或自然灾害（如飓风或其他风暴）造成的影响。因此，能效的提升有利于保障国家安全。对于美国而言，能源危机后，能效的提升使美国能够减少能源进口，很快能实现自给自足，其中能效提升比增加国内能源供应发挥着更大的作用。减少用电量可以缓解输电线路的压力和电网拥堵，同时可以通过减少负荷波动来提高现有电网的灵活性，从而增强国家安全。

图2-1中用三角标记的线1显示了美国经济的实际能源强度，其他三条线显示了不同时期的能源强度变化趋势。第一阶段：能源危机之前，能源价格偏低，能源政策措施较少，能源关注度较低甚至缺失，在此期间能源强度平均每年下降0.55%；第二阶段：

1973—1985年石油价格暴跌前，能源价格上涨，能源政策提案较多，能源关注度较高。在此期间，能源强度平均每年下降2.7%；第三阶段：石油价格暴跌后，能源政策项目有所减少，能源价格高于能源危机之前的水平，但低于第二阶段水平；能源关注度虽然有所下降但仍然非常高。在此期间，能源强度平均每年下降1.7%。2.7%或1.7%的年变化率似乎很小，但这些能源强度的变化在40年间不断积累。最终结果是，美国经济能源强度从1973年的14000BTUs/美元降至2014年的6000BTUs/美元（均按2009年的美元价值换算），下降了57%。

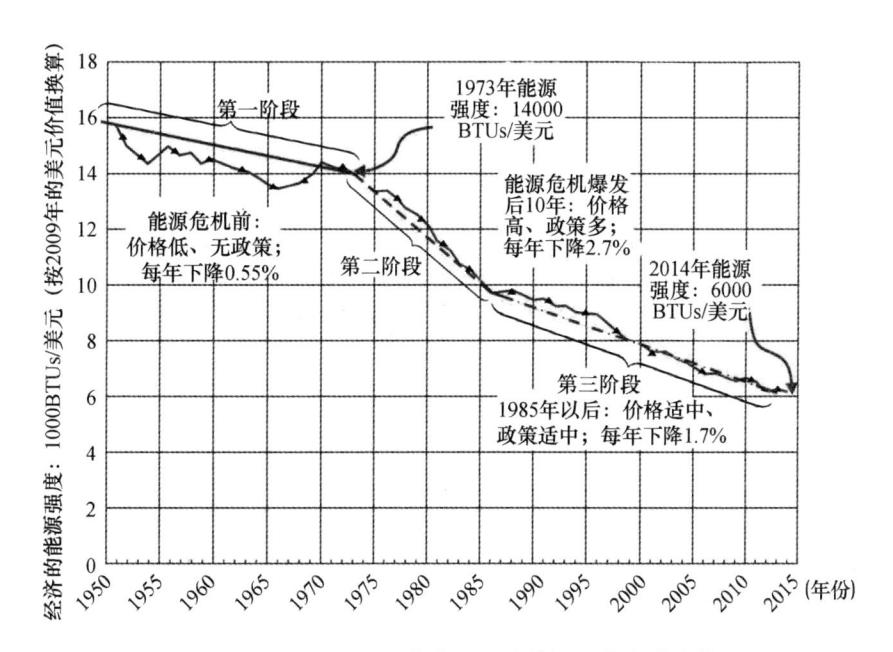

图2-1 1950—2015年美国经济能源强度变动趋势

资料来源：[美]詹姆斯·L. 斯威尼：《能源效率：建立清洁、安全的经济体系》，清华四川能源互联网研究院译，中国电力出版社2017年版。

提升能效的意义主要体现在两个方面：一是经济去碳化；二是通过减少能源使用量减少能源进口量，增加国家能源安全度。如图 2-2 所示，制造业的能源消耗被分解为三类效应：结构性效应、能源强度效应和人口效应。美国制造业的能源消耗在 20 世纪 70 年代初达到顶峰，之后呈现出快速下降趋势，虽然在 20 世纪 80 年代略有上升，但整体表现出制造业能源消耗不断下降的特征。在此期间，结构性变化使能源消耗减少了约 12%，能源强度变化使能源消耗下降了近 40%。制造业的能源强度提升与石油危机下的石油价格不断上涨密切相关，这迫使美国制造业企业通过节

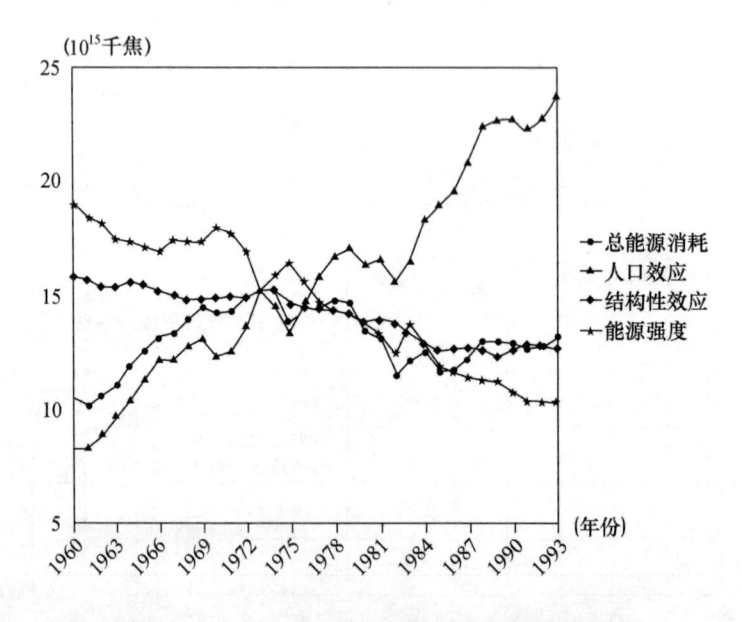

图 2-2　1960—1993 年美国制造业能源消耗分解

资料来源：Golove W. H., Schipper L. J., "Restraining Carbon Emissions: Measuring Energy Use and Efficiency in the USA", *Energy Policy*, Vol. 25, No. 7, pp. 803 – 812.

能技术节约成本，节能成为衡量企业综合竞争力的重要指标。

2. 促进能效提升保障能源安全的原因

美国能源效率大幅提升的原因在于：一是私营机构对于节能技术的开发起着重要作用；二是能源价格的上涨对于个人、公司和政府采取提高能效的行动起着至关重要的激励作用。重要的不是把上涨的能源成本与公司和个人相隔离，而是将提升的成本与能源消费行为相结合；三是由于研发在创新节能技术的发展和实践中起着至关重要的作用，因此，积极寻求鼓励这种研发的方法十分重要。

自1973年能源危机以来，美国经济中遍布技术改进、技术改革实施以及公司和个人实践的变化。除了对轻型汽车的CAFE标准外，大部分节能改进都是在建筑物、公司或家庭层面实施的。单独来看，每个建筑、公司或家庭层面的变化对整体国家能源使用影响较小。然而，公司或建筑物内的许多较大规模的变化来自一系列微小变化（例如更换灯泡、更换电机或阀门），而这些变化独立来看往往是十分平凡的，其中大多数是外部人士及业内人士都觉察不到的。但是，由于美国经济中有许多企业和个人实施节能措施或技术，并以多种方式进行，所以累积起来在全行业和全球范围内产生了巨大的影响。

此外,高度关注能源问题的不仅是政府组织。在过去的40年里,多个非政府组织增加了能效活动的投入。与此同时,许多新的非政府组织创立,以帮助解决一些能源和气候问题。自然资源保护协会(NRDC)和美国环保协会(EDF)在20世纪70年代发起了重要的能源、气候活动,揭示了能源生产与当地或全球环境影响之间的紧密联系。这两个组织在提高能效的关注度和提高能效本身均发挥了领导性作用。

(三)价格异常波动对经济安全的影响分析

能源作为人类赖以生存的物质基础,两次石油危机以及多次能源危机给人们造成的心理阴影,随着资源不断枯竭与日俱增,能源价格的变动对一国或地区宏观经济的增长会产生重要影响。

石油作为当今世界上最重要的能源,其价格变动对全球经济发展发挥着举足轻重的作用。自第二次世界大战结束至20世纪70年代初期,由于西方发达资本主义国家的工业化进程逐渐加快,对石油的需求不断增大,为了稳定原油价格,由埃克森主导的七家石油公司在1950年对油价进行垄断,使得油价在1973年之前长期维持在1.8美元/桶。油价的稳定为西方经济的发展提供了长足的保障。然而，随后在1973年，这一稳定的局面被打破。由于阿拉伯国家不满西方国家以低油价掠夺大量石油资源，再加上美国为以色列提供军事援助，第一次石油危机爆发。石油输出国组织（简称"欧佩克"，OPEC）于1973年宣布收回定价权，油价从3美元/桶短期内飙升至10.65美元/桶，油价上升了两倍多，并且欧佩克对美日等国实行石油禁运政策，加剧了发达经济体内部的供需失衡局面，最终引发了第二次世界大战后最严重的全球经济危机。第一次石油危机导致的全球经济危机持续了三年多，给发达国家的经济造成了巨大创伤。在这场危机中，石油输出国组织通过打破西方垄断，获得了丰厚的回报，据统计，阿拉伯国家的收入从1973年的300亿美元提高至1974年的1100亿美元，而西方国家一度陷入混乱，并且出现了不同程度的经济衰退。其中，美国的工业生产降幅超过14%，发生了严重的通货膨胀；日本的工业生产下降了至少20%，失业率飙升，财政赤字不断扩大，形成"滞胀"。这场危机导致所有工业化国家的增长放缓。当时中国处于"文化大革命"时期，国内的原油产量能够满足需求，此外还将盈余部分出口给日本。客观上说，这次危机并未对中国产生较大的影响。

第二次石油危机发生在1978年，该次危机发生的背景是，当时是世界第二大石油出口国的伊朗国内发生政变，并于1980年爆发两伊战争。伊朗停止输出石油两个月，导致石油每天短缺，全球原油产量剧烈下滑，从580万桶/日陡降至100万桶/日以下，供应紧张，引起了抢购原油的风潮，油价迅速飙升。原油产量的不断下降，再加上社会对原油短缺的预期增加，欧佩克国家内部发生分裂，多数国家要求提高油价，欧佩克国家也因此失去市场调节功能，油价从13美元/桶猛增至1980年的41美元/桶，甚至一度出现45美元/桶的峰值。该次危机后，石油输出国组织才不断开源节流增加石油供给。第二次石油危机的爆发导致了西方国家经济全面衰退。但同时，该次危机也促使西方国家改变发展战略，大力调整经济结构，并加快开发新油田，发展节能技术，加强了对本国石油资源产销市场的控制。在美国的倡议下，1974年，13个国家在华盛顿召开了石油消费国会议，成立了能源协调小组。而放眼中国，1978年时石油产量已达到1亿吨，出口量也不断增加。前两次石油危机正值中国大力发展国内经济时期，当时以解决国内各项矛盾为主，与外部经济的联系较少，因此，整体上并未受到较大的负面影响。随着中国对外开放程度的逐渐加大，经济全球化逐步推进，中国在第三次石油危机爆发时表现出了一定的脆弱性。

第三次石油危机发生在1986—1990年，随着石油输出国组织开始瓦解以及新兴原油出口国的产生，石油供应趋于稳定，油价持续下降，油价主动权重回西方国家一方。1980年，油价降到了10美元/桶左右，油价的下降对世界金融体系构成了威胁，第三次石油危机爆发。而在1990年，海湾战争爆发，伊拉克由于攻占科威特遭到国际组织制裁，伊拉克石油供应中断，导致油价再次上涨，在短短的三个月内，油价从每桶14美元上升到40美元。随后美国经济在当年第三季度出现衰退，导致1991年全球GDP增长率跌破2%。历经前两次石油危机，各国在这次石油危机发生前有所准备，例如积极启动石油储备系统，国际能源机构每天将约250万桶的原油储备投放市场，另外阿拉伯产油国也快速增加供应，有效地稳定了油价。尽管本次石油危机也导致了西方国家经济的衰退，但较前两次的影响小得多。1993年，中国从石油净出口国变为石油净进口国。在第三次石油危机中，中国的宏观经济受到了一定的负面冲击，产出有所下降，物价出现了一定程度的上涨。

最近一次油价大幅下跌发生在2014年6月，受美国页岩气革命以及全球经济增长疲软的影响，全球石油供应量上升，需求减少，布伦特原油价格从115.19美元/桶骤跌至48.11美元/桶，降幅达58%。本轮油价大跌,对俄罗斯、委内瑞拉和尼日利亚等产油国的经济冲击尤为严重。以俄罗斯为例,2014年,俄罗斯的石油出口量约为700万桶/日,在油价出现断崖式下跌后,其石油出口收入每天减少1.9亿美元,经济受到严重影响。随后,为了应对该危机,俄罗斯央行接连抛售800亿美元,用以干预市场,并实现自由浮动的利率机制,导致了卢布危机,在此后较长的一段时间里,俄罗斯背负着巨额债务,严重拖累着本国经济的发展,直至2017年8月,俄罗斯才还清了所有债务。委内瑞拉曾被称为世界上石油储备第一的国家。本次油价下跌对严重依赖石油出口的委内瑞拉也产生了显著的负面影响,委内瑞拉95%的收入来源于石油。这次危机使得该国的许多炼油厂濒临破产,数据显示,2015年委内瑞拉的通货膨胀率高达141.5%。油价危机引发的后续影响也在逐渐显现,2018年8月,委内瑞拉的通胀率高达32714%。

加入世界贸易组织以来,中国宏观经济高速增长,消费结构不断升级,对汽车、房地产的需求增长迅速。在消费升级和城市基础设施投资不断增长的双重驱动下,对煤电油运的需求较为庞大。尽管中国是能源生产大国,但能源产销形势不容乐观。从20世纪90年代初期开始,中国的能源供需便出现缺口。由于能源的生产周期较长,短时间内难以迅速增产来弥补消费

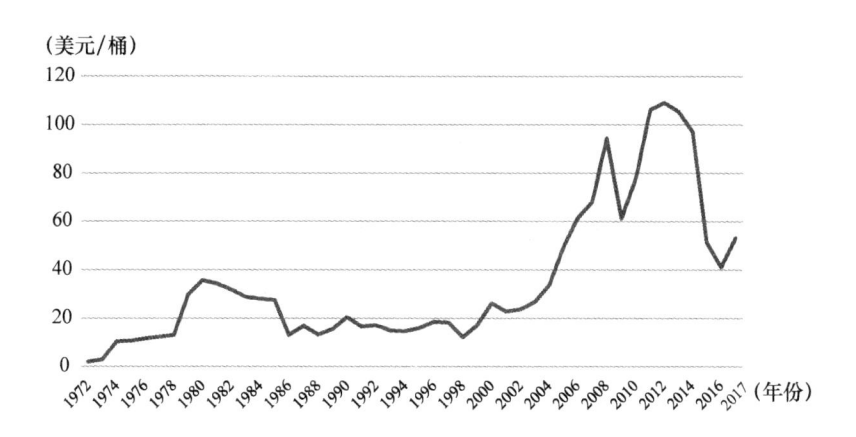

图 2-3 1972—2017 年迪拜原油价格

资料来源:《BP 世界能源统计年鉴》。

需求的较快增长,石油进口量大幅攀升。1993 年,中国的原油进口额约为 200 亿美元,对外依存度达到 33%,已超过国际上 20% 的警戒线。根据海关总署的最新数据,2017 年中国的原油进口量达到 4.2 亿吨,较 2016 年增长 10.1%,其中成品油增长 6.4%,石油对外依存度达到 67.4%。随着城镇化和工业化的持续推进,中国对进口石油的依赖程度短时间内不会下降太多。

回顾上述石油危机与油价波动对全球经济的影响,总体来说对中国的影响因处于不同阶段而有所不同,但可以肯定的是,中国与世界各国已紧密地联系在一起。在面对油价波动对全球经济的冲击时,中国已无法置身事外。

三 中国能源经济运行的主要特征、风险及影响

（一）近年来中国能源经济运行情况分析

中国能源生产不能满足能源消费需求，能源结构仍然不能满足经济社会环境发展的需要，石油和天然气对外依存度高，可再生能源增长较快，能源价格形成机制朝着市场化方向不断推进，这是中国能源经济运行的基本特征。由于国内外经济、政治、社会、科技环境的变化，近年来中国能源经济运行出现了一些新的特征：能源需求一改过去多年的高速增长趋势，规模增长的同时增速大幅放缓，随着中国经济结构调整、发展方式的转变，这种趋势将延续相当长时间；能源生产总体保持稳定，有很高生产能力的煤炭由于环保、去产能的压力产量有所下降，石油产量在2亿吨左右徘徊，天然气产量和水、核、风、太阳能发电

增长潜力巨大；能源进口不断增多，石油和天然气对外依存度不断走高；能源价格市场化改革推进加速，国内外价格联动越发明显；能源生产结构和消费结构不断优化，相对清洁的能源份额占比不断增大；能源工业投资增速放缓，煤炭采选、石油和天然气开采、炼化投资出现负增长。

（1）能源需求规模增长放缓

近年来，由于中国经济进入新常态，经济增速放缓，经济增长方式由过去长期追求高速增长转为追求高质量发展，国民经济结构不断优化，高耗能、高污染、产能严重过剩行业发展受限，随着科技进步和管理水平的提高，能源利用率不断提高，中国能源消费在规模继续增加的同时，增速趋于放缓。2014—2017年，能源消费总量仅从42.58亿吨标准煤增至44.9亿吨标准煤，年均增长1.78%，远低于同期国内生产总值的增长水平，能源消费弹性不断下降。其中，由于环保压力、能源消费结构调整，中国煤炭的消费总量从27.9亿吨微降至27.1亿吨，年均下降1%。石油消费增长仍然迅猛，表观消费量从5.2亿吨增至6.1亿吨标，年均增长5.6%，但已远低于前一阶段的增长率。使用清洁的天然气受到政府政策的大力支持，天然气消费量从1998亿立方米增至2371亿立方米，年均增长6.27%，且仍将继续保持高速增长。水、核、风、太阳能发电消费量从2014年的4.8亿吨标准煤增至2017年的6.6亿吨标准煤，年均增长11%。受经济增长拉动，全社会用电总量从5.52万亿千瓦时增至6.3万亿千瓦时，年均增长4.5%，但仍显著低于同期GDP增长率。

（2）能源生产保持稳定

中国的能源生产与中国的能源资源禀赋密切相关，也受中国对能源生产领域的投资影响。"富煤、贫油、少气"的能源资源国情决定了中国的能源生产以煤炭为主、油气并举的结构。总体而言，近年来中国能源生产总量基本维持稳定，煤炭有较强的生产能力，但淘汰落后产能成为煤炭生产领域的重任，石油产量难以突破2亿吨的瓶颈，天然气产量稳步上升，发电量增长水平接近GDP增长率。2014—2017年中国能源生产总量从36.18亿吨标准煤微降至35.9亿吨标准煤，年均微降0.26%。其中，由于产能过剩、能源结构调整、环境保护等原因，煤炭生产量从38.7亿吨降至35.2亿吨，年均下降3.2%。由于国际原油价格下降，近年来石油产量略有下降，石油生产量从2.1亿吨降至1.9亿吨，年均下降3%。天然气产量由于投资增加而增长较快，一批天然气和液化石油气生产、运输、储存项目投产，天然气产量从1300亿立方米增至1474亿立方米，年均增长4.2%。可再生能源和新能源增长迅猛，水、核、风、太阳能发电量从2014年的4.8亿吨标准煤增至2017年的6.6亿吨标准煤，年均增速11%。一批电源项目、输电项目投产，全国总发电量从5.54万亿千瓦时增至6.5万亿千瓦时，年均增长5.47%。

（3）能源进口不断增长，油气对外依存度一路走高

由于中国能源生产不能满足能源消费需求，特别是相对优质的石油、天然气缺口很大，对外依存度不断走高，因而近年来中国能源进口总体呈增加趋势。煤炭进口量与国内外煤炭价格差关系密切，中国煤炭进口总量从2014年的2.9亿吨先降至2015年的2亿吨，之后2017年增至2.7亿吨。由于国内石油产量基本稳定在2亿吨，难有突破，而石油消费量增长仍然迅猛，2014—2017年，石油进口总量从3.08亿吨激增至4.2亿吨，年均增长10.9%，2017年石油对外依存度67.4%，当年中国原油进口前五大来源国分别为俄罗斯、沙特阿拉伯、安哥拉、伊拉克和伊朗，占进口总量的54%。天然气进口方面，由于中亚天然气管道、中缅管道达产，沿海液化石油气接收站逐步投产，天然气进口总量从591亿立方米增至955亿立方米，年均增长17.3%，特别是由于国内在很大的环保压力下，原冬季取暖、工业用燃料陆续由煤炭等转为天然

气或电，天然气缺口仍很大，天然气进口将继续保持较高的增速，2017年天然气对外依存度为39%。

（4）能源价格受国内外因素共同影响，波动频繁

中国能源价格既受国内能源供求、政策法规影响，也受国际能源商品价格和交易所交易价格的影响，2014—2017年以来中国能源价格经历了一轮波动。能源价格与国内经济增长水平密切相关，近年来由于国内经济增速放缓、经济结构进一步优化、增长方式转变，国内能源需求一度放缓，但去产能淘汰落后能源生产又导致能源供给减少，加之能源价格改革不断推进，中国能源价格与国际能源价格趋于同步，但复杂的国际形势、美元指数走势的不确定性，致使近年来中国能源价格不断波动。煤炭价格（秦皇岛港Q5500动力煤平仓）先降后升，2014年延续自2011年开始的下降趋势，从521元/吨降至2015年的425元/吨，之后进入价格上行通道，2016年增至478元/吨，2017年激增至634元/吨。中国自油价形成机制改革以来，国内原油价格基本与国际原油市场价格接轨，只是国内成品油价格经常发生滞后现象，从2014年下半年开始，布伦特现货原油价格从100美元/桶以上降至2016年年初的30美元/桶，之后升至2017年的50美元/桶，油价虽有上涨，但由于全球经济仍然低迷、石油产量总体过剩，美国非常规石油勘探开发取得突破，

国际油价要重回 100 美元/桶以上困难重重。受到国内经济环境和国际天然气供求市场的共同影响，天然气价格逐年下降，2014 年液化石油气均价在 4800 元/吨，2015 年降至 4000 元/吨，2016 年进一步降至 3000 元/吨，2017 年上半年均价在 3300 元/吨，下半年由于能源结构调整导致冬季用气量剧增，国内天然气缺口大，天然气价格一度飙升至 8000 元/吨，后在政府干预和油气企业全力保障供应下迅速回落。全国燃煤机组电力上网平均价格从 2014 年 0.41 元/千瓦时，逐步降至 2017 年的 0.37 元/千瓦时。

（5）能源生产结构和消费结构不断优化

随着中国经济增长方式转变、产业结构调整，中国能源生产和消费结构也逐步得到优化和改善，清洁能源和可再生能源生产和消费占比显著提高，对环境污染较大的煤炭生产和消费占比下降。但由于中国能源资源的基本国情，在一段时间内中国仍将以煤炭为主要生产和消费能源品种。具体而言，2014—2017 年，能源生产结构方面，煤炭占一次能源比重从 76% 降至 70%，石油占一次能源比重从 8.3% 降至 7.5%，天然气占一次能源比重从 4.4% 增至 5%，水、核、风、太阳能发电量从 13% 增至 18%，中国能源生产结构进一步优化；能源消费结构方面，煤炭占一次能源消费比重从 65.5% 降至 60%，石油占一次能源消费比重从17%增至19%，天然气占一次能源消费比重从5.6%增至6.4%，水、核、风、太阳能发电消费占一次能源消费比重从11.2%增至14.7%，能源消费结构进一步优化。

（6）能源投资增速放缓

由于经济结构调整和增速放缓、能源价格的不确定性，近年来中国能源工业投资增长缓慢，2014—2016年，能源工业投资额从3.15万亿元增至3.28万亿元，年均增速2%，远低于同期全社会固定资产投资增长8.8%的水平，也低于2001年后至2014年的历年平均增速。其中，由于去产能、环保压力和国际石油价格低迷的影响，中国煤炭采选业投资和石油天然气开采业投资下降幅度最大，煤炭选采业投资从4684亿元降至3037亿元，年均下降17.6%，石油和天然气开采业投资从3947亿元降至2330亿元，年均下降20%。电力投资仍然保持较高水平，从1.96万亿元增至2.47万亿元，年均增速12%，这主要是得益于国内发电结构的转换和高压、特高压输电线路项目的投资获批。从2000年后至2013年，石油加工及炼焦业投资经历了长期高速增长后，产能过剩问题严重，2014—2016年投资额从3208亿元降至2696亿元，年均下降8%。煤气生产和供应业投资从2013年起基本稳定在2200亿元。

（二）基于大数据技术的能源风险识别与评估

（1）大数据技术的发展及其在经济学领域的应用

随着互联网、计算机、智能设备的高速发展，人类活动产生的记录数据呈爆炸性增长，数据成为一种重要资源，如何从不断增长的海量数据中挖掘、分析出传统数据和手段无法得到的信息成为国内外政府、企业、学术界近年来关注的热点。随着认识的不断加深，人们对大数据特性的理解从最初的"3V"，即大量（Volume）、高速（Velocity）、多样（Variety），拓展到"4V"，增加了价值（Value），后来又提出"5V"，增加了真实（Veracity）。

由于大数据和网络、传输、存储、计算的天然联系，起初大数据的发展和应用主要集中在计算机等自然科学领域，经济学实证研究仍然基于以传统统计理论为基础的计量经济方法和结构化统计数据。但随着技术的不断进步和成熟，大数据拥有的样本海量、实时、数据非结构化等传统统计调查数据无法比拟的特征的实现逐渐成为可能，经济学领域基于大数据方法开展的研究活跃起来，经济学家们在通过大数据分析建立新的或完善已有经济指标、利用实时数据建立现时预测模型、预警经济、分析政策影响、使用大数据验证经济理论等方面做了许多工作,如阿基塔斯(Askkitas)等用 Google 搜索数据预测失业率[①],博伦(Bollen)等通过测量 Twitter 上文本内容蕴含的情感指标预测经济[②],卡瓦洛(Cavallo)等通过收集大型零售商网站的每日价格更新数据实时计算了阿根廷的通货膨胀率[③]。

基于大数据方法的经济研究与传统计量经济研究方法相比有许多新的特征,由于大数据具有"5V"特征,数据的采集、清洗、分析、使用等均有别于传统的方法。一是基于大数据方法的数据来源和渠道增多,涵盖了信息搜索数据、网络交易数据、网上信息发布、社交媒体数据、智能设备使用产生的数据如位置信息、交通流量监控、卫星灯光数据等,有主动产生的数据,也有被动留下的痕迹,一定程度上对经济学家依靠政府、组织、企业等机构发布数据、设计调查问卷获取数据的传统方法做了有力补充,极大地拓展和方便了经济学家的数据来源;二是为处理海量的

[①] Askitas N., Zimmermann K. F., "Google Econometrics and Unemployment Forecasting", *Discussion Paper of Diw Berlin*, Vol. 55, 2009, pp. 107 – 120.

[②] Bollen J., Mao H., Zeng X., "Twitter Mood Predicts the Stock Market", *Journal of Computational Science*, Vol. 2, No. 1, 2011, pp. 1 – 8.

[③] Cavallo A., "Online and Official Price Indexes: Measuring Argentina's Inflation", *Journal of Monetary Economics*, Vol. 60, No. 2, 2013, pp. 152 – 165.

半结构化、非结构化数据，从茫茫数据中发现经济关系，基于大数据方法的经济学研究中使用了与传统计量统计回归不同的方法，人工智能、机器学习算法如决策树、支持向量机、神经网络、深度学习等算法引入经济学中处理数据，经济学与计算机、网络、信息技术的联系空前紧密；三是从方法论的角度，基于大数据方法研究经济面临的样本数量和传统方法相比不在一个数量级上，某种程度上大数据方法是在总体范围上建立模型，而传统模型建立在抽样数据基础上，基于大数据方法将有别于传统方法的参数估计和假设检验。

  目前，按照大数据的来源不同可将其划分为：搜索数据、社交媒体、网站信息、电子交易数据、政府管理数据等，按照大数据的内容和结构不同可将其划分为：网络内容、用户行为、网络结构等。虽然大数据来源、内容、处理方法不一样，但根据经济研究中使用大数据具有的传统数据不具备的特征和研究的目的可以大致归纳为 3 类：优化传统经济指标或构建其先行指标、构建新的经济预测指标、建立经济变量间的联系。可以预见，任何基于数据分析的学科与大数据的联系将越来越紧密，经济学研究也不会例外。在目前阶段，虽然大数据概念已经提出 20 多年，但经济学中真正意义上使用大数据不过是近 10 年的事情，基于大数据方法研究经济在某种程度上仍然是较新的、非主流的领域，但基于大数据的研究思路和方法具有广阔的发展空间。

（2）中国能源经济面临的主要风险

中国能源经济运行面临的风险与中国的能源基本国情、经济社会的发展阶段和外部环境密切相关。

当前阶段中国的能源基本国情仍然为"富煤、贫油、少气"。中国具有丰富的煤炭资源，煤炭生产能力富足，但其生产和消费对环境的破坏大。中国油气资源比较匮乏，国内勘探开发和生产能力远不能满足消费需要，石油和天然气的对外依存度近年来逐步走高，石油对外依存度已超过60%，天然气对外依存度也已超过40%。中国的能源自然资源禀赋的特征导致中国的能源结构一直以煤炭为主要能源，油气占一次能源的比重低于世界平均水平。

经济社会的发展阶段决定了经济社会对能源的总需求、能源需求结构和对能源价格水平及波动的承受能力，一旦能源经济运行情况无法满足该阶段的经济社会发展，将造成严重的经济危机。改革开放以来，中国的经济社会高速发展，对能源的总需求也不断随经济增长而提高，且受制于长期粗放式的经济发展方式，中国的能源弹性系数在较长时间内大于1，能源效率低下，中国经济社会发展所消耗的能源增长速度曾一度高于国内生产总值的增长速度,在经济社会发展对能源消费增长的强力拉动下,中国始终面临能源供应不足的显性和隐性威胁。随着经济的发展,中国的产业结构发生了较大变化,第二产业的产值已被第三产业超越,中国的能源供应和消费结构需要及时调整,以满足经济发展的阶段变迁。目前以煤炭为主导能源的能源供应和消费结构显然无法适应这一需求,且随着人民生活水平的提高社会需要更好的生态环境,中国经济发展对环境的欠账较多,传统的能源生产及消费结构和方式也蕴含较多风险。经济社会的发展程度也影响着能源价格水平和波动风险,当经济社会发展质量良好时,对能源价格风险具有天然的抵御能力,而当经济社会的发展有明显的短板、发展动力不足时,能源价格风险便容易集聚和形成,阻碍经济社会的发展。当前中国经济社会发展已由追求高速度转向追求高质量发展,国内经济结构不断调整,经济面临较大下行压力,在此背景下,能源短缺、价格水平和价格波动、能源结构调整对中国经济平稳运行有重要影响,这也成为能源经济运行的重要风险点。

在开放的全球环境下,外部环境对中国的能源经济运行有重要影响。由于中国的石油、天然气生产量无法满足供应量,石油、天然气对外依存度高,而向我国出口油气的主要资源国普遍存在不稳定因素,海外油气的生产和运输区域的政治、经济、军事状况严重影响中国石油、天然气的稳定供应，国际原油、天然气价格对中国能源供应价格有直接影响。外部环境因素对中国能源经济运行的风险主要体现在对中国油气供应的中断和不合理的油气价格水平及价格高频大幅波动，这也是最能直接体现中国能源安全的方面。

（3）基于大数据技术的能源风险识别与评估

与传统的依赖权威机构发行的统计数据识别和评估能源风险的方法不同，基于大数据的方法是一种主动识别和评估的方法，包括主动构建模型、主动搜寻和处理数据，因而基于大数据的研究是一种针对性、灵活性很强的方法。与传统统计数据方法相比，具有数据时效性强、方法灵活、数据来源海量、具有结构化和非结构化数据等诸多优点，与传统统计数据分析方法互为补充、相得益彰。

使用大数据技术识别和评估能源风险，就是要依靠大数据从海量的数据中获取常规方法难以获得、处理的有效信息，包括对常规的统计数据、碎片化的非结构化数据的处理，以对能源经济运行中的能源需求、供应、价格等方面存在的风险点进行辨识，并进而评估国民经济社会面临的能源风险。

基于大数据技术识别和能源风险评估，根据采用数据的不同，主要有以下几种方法：一是传统统计数据分析方法在信息技术条件下的延伸和拓展，即分析数据来源于各机构、各大数据平台定期、不定期发布的与能源经济相关的统计数据，只是与传统方法相比，统计数据的来源更多样化、统计周期更灵活、数据的规模更大；二是将传统统计数据与非结构化数据结合，既分析传统的结构化数据，采纳统计数据来源权威、准确的优点，也考虑传统方法难以处理的非结构化数据，保持数据信息的多样性、时效性；三是充分利用互联网、大数据的数据海量和绝大多数数据为非结构化数据的特征，以非结构化数据为主，通过数据挖掘等技术，利用相关性分析识别数据信息背后的经济联系，这种方法的难度和争议最大，但某种意义上这种方法体现了利用大数据分析方法的核心，最能说明大数据方法较之传统方法的优点。

本书认为一定时期内专家学者、政府人员对能源经济安全的关注会与当时国家面临的能源经济风险相关，而经济和管理学者、政策制定者等对能源经济风险的关注会体现在其发表的与能源经济风险相关的论文上，因此，可以用某年度能源安全、风险相关的文献量占当年经济、管理类文献总量的比重，即能源安全风险论文指数来衡量经济和管理学者、政策制定者们对能源安全风险的关注，也能间接体现当年国家面临的能源经济风险。

根据对中国知网 1988 年 1 月 1 日—2018 年 10 月 13 日论文数量的分类统计，分别用含有能源类（包含石油、天然气、电力、煤炭、新能源、可再生能源等）和价格、供应、转型类相关的主体分析，绘出该年度的能源安全风险论文指数如下图所示。

由图 3-1 和图 3-2 可知，基于中国知网论文数据中国能源安全风险总量明显呈上升趋势，特别是 1998 年以后大幅上升，2008 年达到峰值后大幅下降，2010 年后又进入上升通道，并超过 2008 年的前期峰值。价格因素、供应中断、能源转型影响下的能源安全风险基本呈相同的趋势，但各趋势存在时间差异：价格因素影响最先上升，随后是供应中断影响，最后

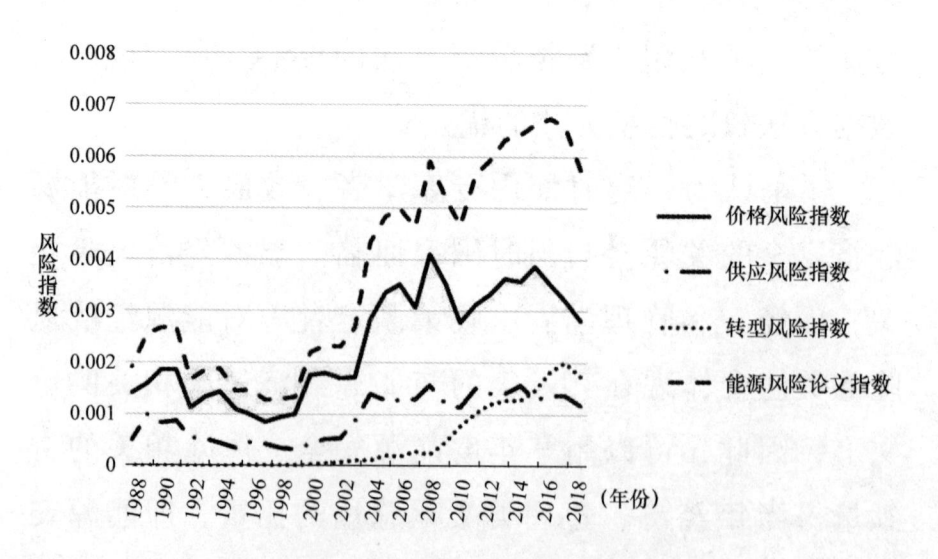

图 3-1 基于中国知网数据的能源风险论文指数趋势

资料来源：笔者自制。

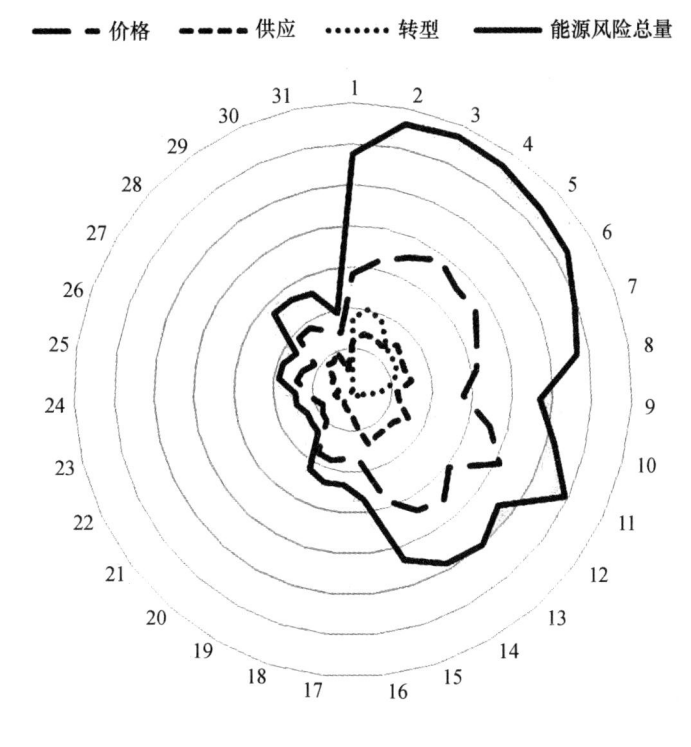

图3-2 基于中国知网数据的能源风险论文指数雷达图

资料来源：笔者自制。

是能源转型影响，2012年以后三者在高位叠加，且2014年以后价格和供应中断的影响呈逐渐下降趋势，但能源转型影响却迅速上升。这与中国实际面临的能源安全形势相符。1993年中国成为石油净进口国以后，指数显示中国能源安全风险相比1992年有大幅上升，随后保持平稳，1998年亚洲金融危机、中国电力短缺问题凸显、油价电价问题成为关注焦点，价格风险率先并之后始终成为能源安全风险上升的最重要因素（很重要的一点是除价格本身外，供应中断、能源转型风险的落脚点最终都归于价格），且在随后能源价格上涨、剧烈波动中继续引致能源安全风险激增。2002年以后中国能源供不应求现象愈加明显，能源供应中断问题成为能源安全风险的重要因素。2008年金融危机后，全球能源格局发生巨变，能源供大于求，价格有所降低，中国能源可选择的供应渠道增多，能源安全风险有所降低，但同时中国的环保问题更加突出，能源结构优化的任务更加紧迫，因此能源转型风险增加。

因此，除了传统的能源数据统计方法外，本书采用的方法量化测算的中国能源安全风险值较好地拟合了中国的实际能源经济风险。尽管以上方法克服了很多传统方法的困难，但应用基于此类思想的大数据方法测算经济指标仍面临一些问题，最主要的是大数据指标的经济意义、逻辑关系尚需推敲，这也是目前基于大数据方法研究经济共同面临的问题。

四　能源供给中断对经济的影响及对策

随着中国经济社会的发展，对能源的需求越来越旺盛，而由于中国的能源禀赋存在结构特点，即"富煤、贫油、少气"，这决定了中国必须进口大量能源才能支撑经济社会的发展。同时，一些恶劣天气、国际政治形势、运输中断等问题都会产生能源供给中断的风险。本章分析了中国能源整体的供给概况，研究了中国能源对外依存度现状，对各类能源供给中断风险进行了概述，利用生产函数方程对能源供给损失进行了测算，并在可计算一般均衡模型框架下，对能源供给中断造成的经济影响进行了研究。

（一）能源供应概况

1. 能源资源禀赋

（1）能源种类不均

"富煤、贫油、少气"的能源种类现状决定了中国在相当长时间内必须进口大量能源才能支撑社会经济发展，据 IEA（2018 年）统计，截至 2017 年年底，在已探明的能源中，中国煤炭储量 13881.9 亿吨、石油储量 35.0 亿吨、天然气储量 5.5 万亿立方米，分别占世界的 13.4%、1.5%、2.8%，并且中国能源特别是石油、天然气等缺少的能源大都分布在地质条件比较复杂的地区，如沙漠、戈壁、深海海域等，地质情况复杂且开采技术有限，这导致中国能源开采相当困难。

（2）能源储量有限

据 IEA 统计，截至 2017 年年底，全球石油储量 2393 亿吨，天然气储量 193.5 万亿立方米，煤炭储量 103501.2 亿吨。虽然中国能源储量总量高于很多国家，但是石油、天然气和煤炭的人均储量仅为世界的 7.7%、8.3% 和 50%。储采比是衡量一个国家能源可持续度的一个重要指标，石油、天然气和煤炭世界平均水平的储采比分别为 53.3 年、55.1 年和 113 年，而中国石油、天然气和煤炭的储采比为11.9年、28年和31年,与世界平均水平有一定的距离,如图4-1和表4-1所示。

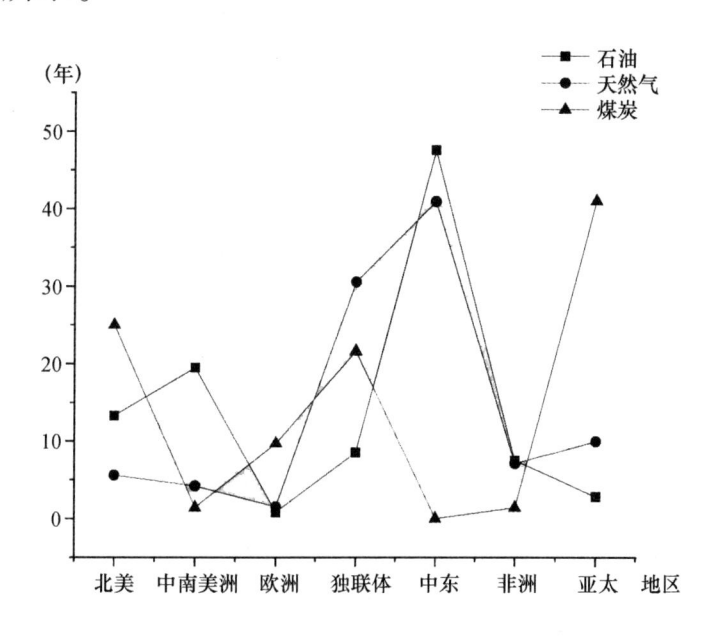

图4-1　世界各个地区的能源储采比

资料来源:IEA,World Energy Outlook 2018。

表4-1　　　　中国主要能源储采比与世界平均水平　　　　单位:年

	中国	世界平均
煤炭	39	134
石油	18.3	50.2
天然气	36.7	52.6

资料来源:IEA,World Energy Outlook 2018。

(3)能源分布不均

根据全国第二次煤田勘测资料,煤炭储量中埋藏深度在1000米以内的为26万亿吨,其中秦岭以北地区的煤炭储量占总储量的94%，即24.5万亿吨，在该地区中，三西地区（山西、陕西、内蒙古西部）和新疆维吾尔自治区占总储量的81.3%。而在广大的秦岭以南地区，煤炭资源储量仅占全国的6%左右，在这一地区中，贵州、云南和四川三省占了该地区的90%，以上反映了煤炭资源分布极不均衡的特点。中国现在开采的四个特大型煤田华北煤田、准噶尔煤田、吐哈煤田和鄂尔多斯煤田均位于中国的西部和北部地区，而中国的主要煤炭消费地却位于东部和南部地区，主要集中在珠三角、长三角和环渤海地区，这种煤炭消费和煤炭生产的空间错位，使得煤炭运输成为一种广泛的经济现象，同时，这种长距离、重载的运输也为煤炭供给带来了一定的风险。①

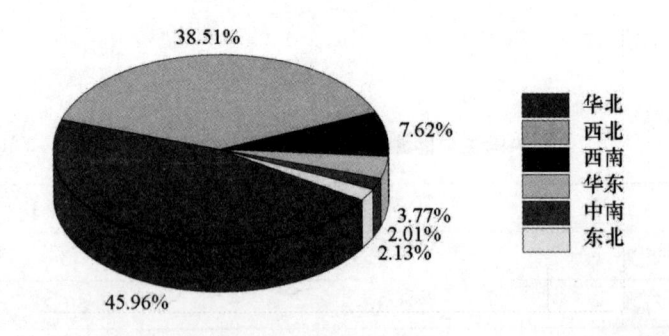

图4-2 中国煤炭资源分布概况

资料来源：自然资源部统计资料。

---

① 郝向斌、龚大勇：《中国煤炭资源及生产区域布局分析》，《中国石油和化工经济分析》2008年第12期。

中国石油资源也分布不均衡，东部地区的渤海湾、松辽盆地和西部地区的塔里木盆地、鄂尔多斯盆地、准噶尔盆地是中国的油气资源集中区，东部地区和西部地区的石油资源分别占储量的42.4%和46.0%，海上石油主要分布在北部的渤海地区、南部的珠江口和北部湾地区。而天然气在陆地上主要集中在中部地区和西北地区，两个地区分别占中国天然气储量的37.8%和28.1%。海上的天然气资源主要分布在渤海和东海领域。[1]

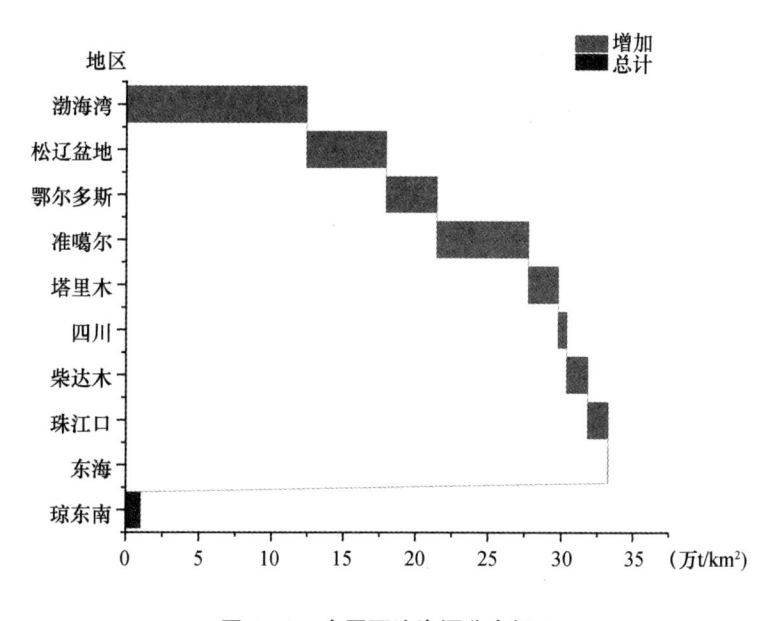

图4-3 中国石油资源分布概况

资料来源：自然资源部统计资料。

---

[1] 翟光明、王世洪：《中国油气资源可持续发展的潜力与挑战》，《中国工程科学》2010年第5期。

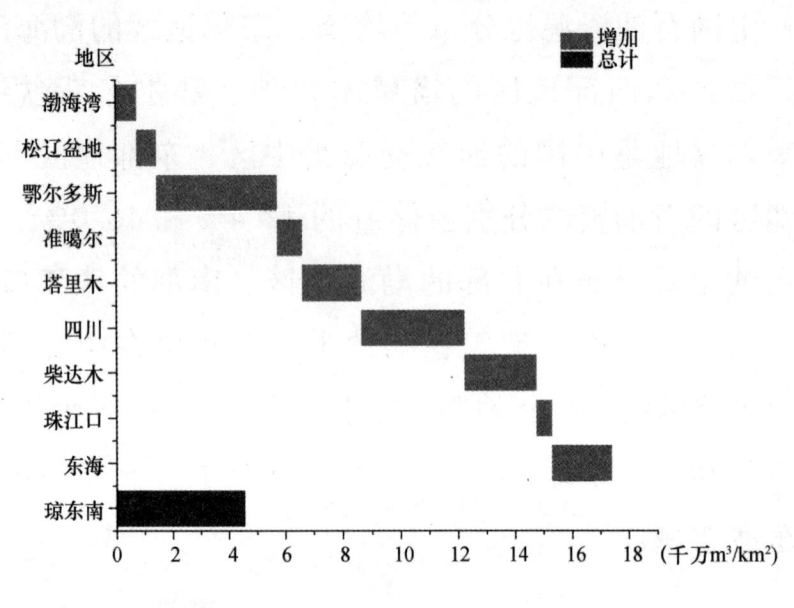

图 4-4 中国天然气资源分布概况

资料来源：自然资源部统计资料。

2. 能源生产和消费现状

改革开放以来，中国能源产业快速发展，能源生产力显著增强，对经济社会发展起到了有力的支撑作用。2016 年中国能源生产总量为 31.51 亿吨标准煤，是 1980 年的 5.5 倍，年均增长 5.0%，形成以煤炭为主体，电力为核心，石油、天然气、新能源等为支撑的能源生产体系，中国已成为世界第一大能源生产国。其中，煤炭从 1980 年的 4.43 亿吨增加到 2014 年的 27.07 亿吨，然后下降到 2016 年的 24.17 亿吨，但是虽然下降，产量仍然占世界煤炭产量的一半，位居世界第一。原油从 1980 年的 1.06 亿吨增加到 2015 年的

2.15亿吨，再到2016年的2.03亿吨，受资源储量限制，产量有所下降。天然气从1980年的142.7亿立方米增加到2016年的1378亿立方米，天然气产量增长较快，一直在增加。

经济的快速增长带动能源消费的快速增加。由图4-5可知2016年中国能源消费总量为43.58亿吨标准煤，是1980年的7.2倍。其中，煤炭消费从1980年的6.1亿吨增加到2013年的42.4亿吨，再到2016年的39.1亿吨，占一次能源的消费比重由64.0%降至62.4%；石油消费从1980年的0.92亿吨增加到2016年的5.56亿吨，占一次能源消费比重为18.1%；天然气消费从1980年的140.6亿立方米到2016年的2040亿立方米，占一次能源的消费比重升至6.2%。

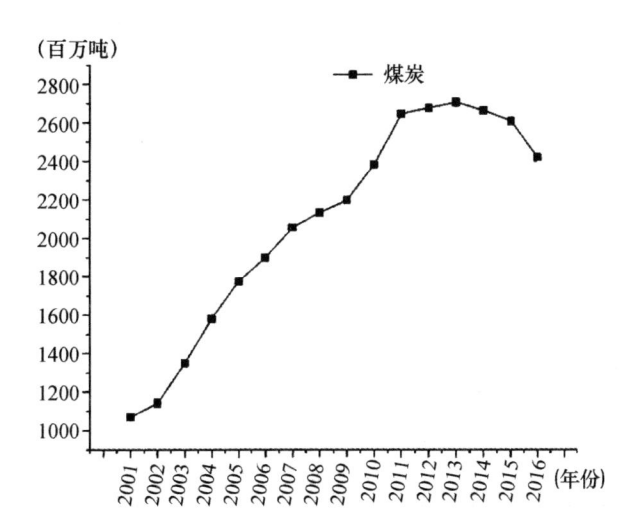

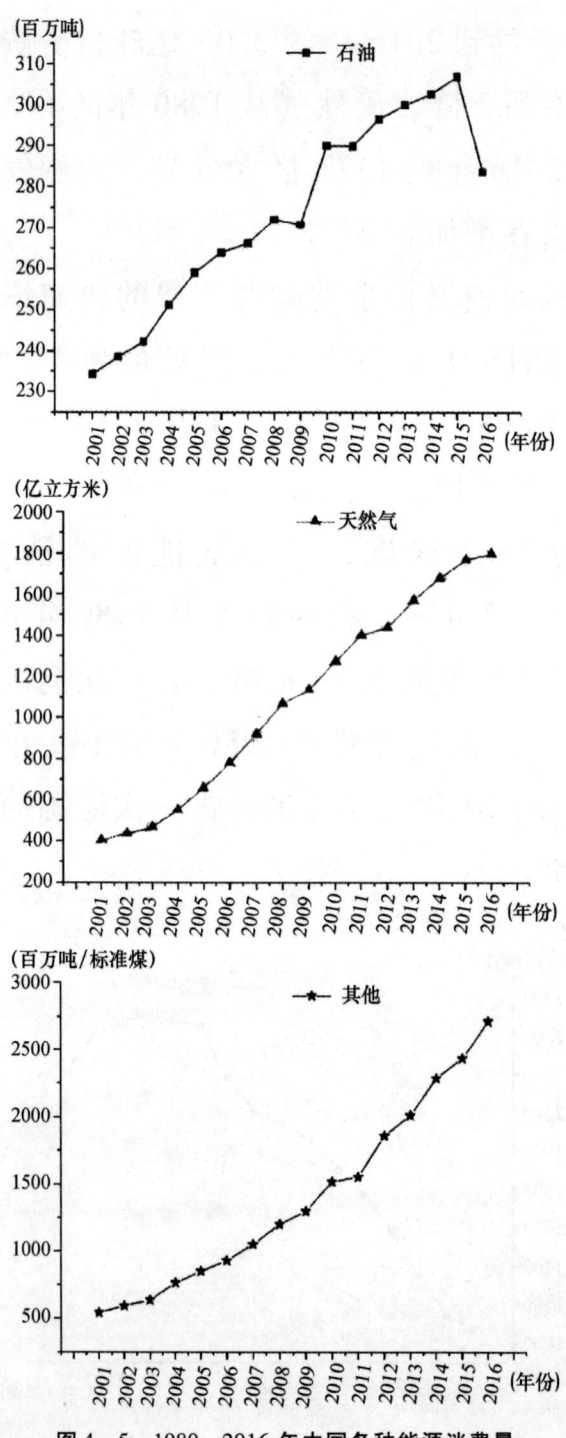

图 4-5　1980—2016 年中国各种能源消费量

资料来源:《新中国 60 年统计资料》;《中国统计年鉴 2017》。

3. 能源对外依存度现状

由于中国能源的赋存结构，经济的快速发展导致能源需求的快速增加，国内供给不足使得能源进口大量增加。从2007年起，全球煤炭价格陷入低迷，中国从煤炭出口国转为煤炭净进口国，在2013年达到最高值，2013年中国进口煤炭3.27亿吨，比2012年增长13.4%，虽然近两年进口量有所下降，但是煤炭进口量依然很大。与煤炭相比，中国从1993年就成为原油净进口国，随后对原油的进口量呈指数式增长，2009年中国进口原油达2亿吨，两年之后达到2.5亿吨，2015年中国对原油的进口上升到3.35亿吨，成为世界上原油进口量最大的国家。天然气作为化石能源中较为清洁的能源，已成为中国能源需求中最重要的部分，从2007年开始中国大量进口天然气，并且这一幅度在不断增加，天然气成为中国主要进口的能源之一，如图4-6所示。

随着中国进口能源量不断增加，能源对外依存度也在不断攀升，特别是能源赋存度比较低的石油和天然气，能源对外依存度不断增加，从表4-2可以看出，原油的对外依存度从2008年的47.39%上升到2016年的65.94%，天然气对外依存度由2006年的1.69%上升到2016年的35.03%。原油和天然气对

64 国家智库报告

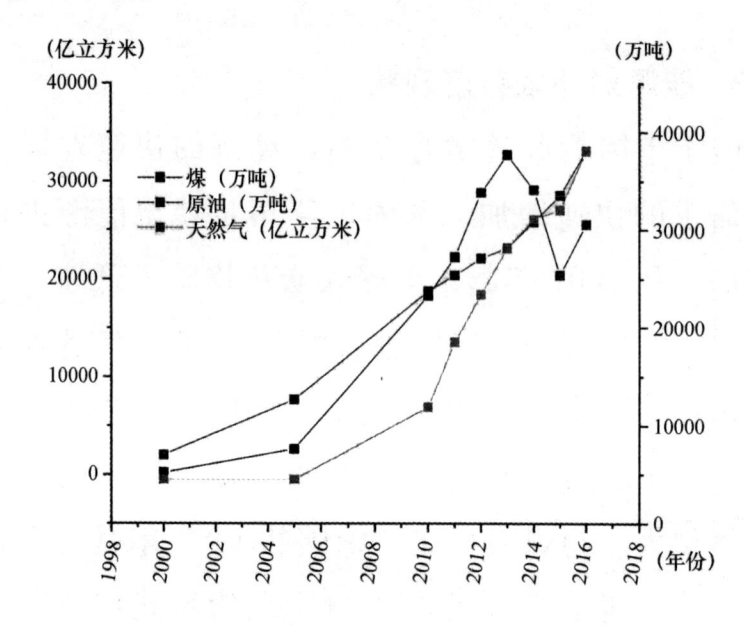

(亿立方米) (万吨)

图4-6 2000—2016年中国各类能源对外依存度

资料来源：《中国统计年鉴2017》。

外依存度正以一个较快的速度不断提升，并且其增长率一般呈正方向增长。由于中国煤炭资源丰富，煤炭对外依存度相对较低，在2013年以后呈负增长。

表4-2　　2006—2016年中国各类能源对外依存度

年份	煤炭对外依存度（%）	原油对外依存度（%）	天然气对外依存度（%）	能源总对外依存度（%）
2006	1.59	41.16	1.69	10.88
2007	1.97	44.08	5.31	11.26
2008	1.44	47.39	5.28	11.47
2009	4.25	51.96	8.24	14.08

续表

年份	煤炭对外依存度（%）	原油对外依存度（%）	天然气对外依存度（%）	能源总对外依存度（%）
2010	5.22	53.43	14.71	15.99
2011	5.31	54.41	22.24	16.91
2012	8.18	55.75	26.30	17.08
2013	7.70	55.59	30.13	17.61
2014	7.08	58.54	29.69	18.16
2015	5.15	59.94	29.99	18.35
2016	5.86	65.94	35.03	18.42

资料来源：《中国统计年鉴2017》。

（二）能源供给中断风险识别

对能源供给中断的定义，美国早在1992年于《能源政策与节约法》中进行了阐述，指出当以下情况发生时，即可认为发生了能源供给中断：（1）由于不可预见的事情发生，能源供应显著减少，并且持续时间较长，影响的范围较广；（2）紧急事件发生，导致能源价格在短期内大幅上涨，并且对经济增长造成一定的影响。当以上两种情况出现之一时，即可认为发生了能源供给中断。尽管表现形式不同，但是都意味着能源供应出现了风险，不能满足能源需求。引起能源供给中断的原因很多，主要有能源产地的政策风险，包括能源限产、能源禁运，以及运输途中的事故、遭遇恶劣天气等，还有在能源产地和运输地发生战争，都会引起能源供给中断，扰乱能源市场的秩序，带来一定的风险。中断峰值供应总损失最多的为1978年的伊朗革命，约为560万桶/日。2003年的伊拉克战争导致全球石油供给中断持续时间最长，前后持续10个月。

根据张雷等的研究，能源供应风险性主要表现在极端天气、生产脆弱性、政策脆弱性和运输中断。[①]

1. 极端天气

极端天气主要是指地震、水旱及其他极端气候现象等引发的自然灾害，给基础能源供应的有序运行带来挑战。如2008年年初南方遭遇了百年不遇的雨雪冰冻灾害，使得湖北、湖南、江西等省份都受到不同程度的影响，由于处在冬季用煤高峰期，并且南方煤炭产量不足，冰冻灾害造成煤炭运输中断，使得部分地区的煤炭供应出现了严重短缺，很多地区出现拉闸限电的现象。2009年华北地区出现了极为罕见的大暴雪天气，阻碍了河南、山西等地区的煤炭外运，对华东、华中及京津冀地区正常的煤炭、火电使用造成了严重的影响，出现了大规模的"煤荒"现象。

---

① 张雷、黄园淅、杨波等：《国家能源供应时空协调——基本概念、理论与方法》，《自然资源学报》2012年第4期。

2. 生产脆弱性

生产脆弱性是指能源生产的安全状态和能源价格带来的挑战，由于石油需求缺乏弹性，供给中断将会导致短期内石油价格飙升，并通过生产要素投入失衡、通货膨胀、工资效应等多种传导形式影响宏观经济。历史上曾发生过五次全球性经济衰退。其中，至少有三次与石油供给短缺和油价上涨相关。1973年中东战争和石油禁运，使OPEC石油产量下降了5.6%，随之石油价格暴涨，导致了1974—1975年的全球经济滞胀。1978年伊朗革命造成世界原油产量下降3.7%，并导致了1980—1981年的经济衰退。据美国能源署和国防大学战略研究所估计，20世纪70年代两次石油危机导致美国的国内生产总值（GNP）下降了约2%。

3. 政策脆弱性和运输中断

随着世界主要石油消费地逐渐转移，未来中东地区向东亚地区的石油出口量必将大幅增长。而霍尔木兹海峡和马六甲海峡是中国、日本和韩国等主要石油消费国进口中东石油的必经之路，通过这一地区的运量将显著提高。动荡的政治局势、海盗活动及其他突发事件很容易导致运输中断。

因此，在当今全球石油供应充足的情况下，这种非市场或非经济因素对石油安全的影响更值得人们关注和警惕。产能局限、地缘政治的紧张局势、恐怖主义、自然灾害和不确定的投资环境等都使国际石油供应面临突然中断的威胁。

（三）能源供给中断对经济影响的理论模型

1. 影响机理

能源作为经济发展的基础，其短缺导致价格的上涨和供给的严重不足，给经济带来严重的影响。例如，世界两次石油危机过后，世界经济出现了衰退，引发了学者们的广泛关注。根据经济学理论，能源供给中断对宏观经济产生影响主要表现在以下几个方面：从生产的角度看，能源作为生产要素投入的一部分，生产者选择包括劳动、资本、能源在内的最优组合进行生产，而能源供给中断则会破坏这一生产组合，使劳动和资本的生产率下降，造成产出下降；从劳动的角度看，由于产出的下降，生产者会降低劳动者工资，然而由于工资具有刚性，因此，生产者为了降低成本会减少劳动者的投入，使失业率在短期内增加，进一步使产出下降；从商品需求来看，能源供给中断会造成下游产业链的成本推动性通货膨胀，使消费者的商品需求下降，而市场需求的下降会进一步使生产者降低生产规模,使产出进一步萎缩;从贸易来看,由于能源供给中断会推动商品价格上涨,从而降低本国商品的出口竞争力,外贸赤字增加,引起汇率变化,导致实际收入出现下滑,降低经济增长速度。

根据相关学者的研究,能源供给中断经济损失可划分为直接损失和间接损失。

2. 直接损失

当能源发生短缺时,根据能源的供求关系,能源价格会快速上涨,能源价格上涨一方面使消费者需求下降,造成消费者的福利损失,另一方面,能源价格上涨造成生产者成本增加,挤压生产利润,同时,如果能源进口,还会使财富转移到能源出口国。

如图4-7所示,P0表示未发生能源供给中断时的价格,D和S分别是能源的需求和供给曲线。当发生能源供给中断时,能源价格由P0上升到P1,国内能源产量由S0增加到S1,国内能源需求量由D0下降到D1。由此可以看出,能源价格的上涨使生产者成本上升,利润下降,面积A代表了生产者的福利损失。能源价格上涨使消费者需求下降,面积C代表了消费者的福利损失。能源价格的上升促使能源进口增加,面积B衡量了能源进口的损失。

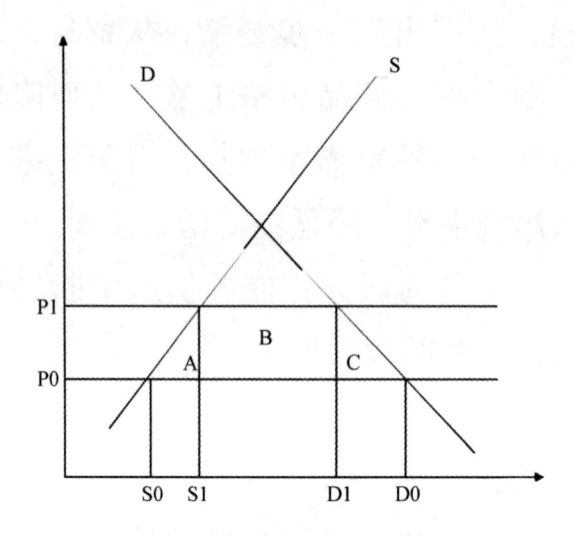

图 4-7　能源供给中断对经济的影响

3. 间接损失

能源供给中断造成能源短缺，促进能源价格上涨，会给经济造成直接的冲击，还会造成很大的间接损失。这是由于资本和生产要素的投入结构具有时滞性，在发生能源供给中断时，资本和要素结构难以在较短时间内进行调整，会产生间接成本，主要包括以下三个方面。

（1）失业率增加

能源供给中断造成价格上涨，生产者成本增加，生产者与劳动者之间存在着协议，短期内不能降低工资弥补生产损失，只能通过降低劳动人数减少成本，短期内使失业率增加。

(2) 资本回报率下降

能源价格上涨使产品成本上涨，产品的竞争力下降，造成企业投资下降，使资本闲置，加速了资本折旧。同时，能源价格上涨使需求下降，生产能力下降，资本运行效率下降，从而使资本回报率大幅下滑。

(3) 通货膨胀

经济社会发展得越快，对能源的需求越多，依赖越强。能源供给中断推动能源价格上涨，能源作为工业的原料，其价格上涨会造成成本推动型的产业链价格上涨，会传导到下游各个领域，最终影响消费品价格，从而造成整体物价水平的上涨。

(四) 能源供给中断对经济短期影响的测算

能源作为生产投入的一部分，其供给中断对其他产业部门和宏观经济造成影响，可计算的一般均衡模型（Computable General Equilibrium，CGE）能够对这种影响进行测算。但是，对于短期效应，CGE 模型一般很难作出评估，因为通常并不清楚模型会在何时达到均衡，并且，能源投入作为生产要素矢量中的一个分量，探究能源供给和经济增长两个变量之间的关系也符合实际过程的基本规律，本章采用生产函数模型对能源供给中断的短期影响进行测算。

1. 三要素经济增长模型

能源是经济发展除资本和劳动外最重要的投入，本章利用柯布—道格拉斯函数建立包括能源投入的三要素模型，揭示经济增长与能源投入之间的相关性。把能源要素纳入后扩展的柯布—道格拉斯函数模型为：

$$GDP = AK^{\alpha}L^{\beta}E^{\gamma}$$

上式中，GDP 为经济总量，K、α 为资本投入和弹性系数，L、β 为劳动投入和弹性系数，E、γ 为资本投入和弹性系数。

对上式取对数，得到：

$$LnGDP = LnA + \alpha LnK + \beta LnL + \gamma LnE$$

对各个变量求导，可以得到各个变量的增长率方程

$$\frac{dGDP}{dt}\frac{1}{GDP} = C + \alpha\frac{dK}{dt}\frac{1}{K} + \beta\alpha\frac{dL}{dt}\frac{1}{L} + \gamma\alpha\frac{dE}{dt}\frac{1}{E} + \mu_t$$

上式中，C 代表全要素生产率，$\frac{dGDP}{dt}\frac{1}{GDP}$、$\frac{dK}{dt}\frac{1}{K}$、$\frac{dL}{dt}\frac{1}{L}$ 和 $\frac{dE}{dt}\frac{1}{E}$ 分别表示各个变量的增长率，μ_t 为随机误差项。

2. 能源供给中断测算方程

Samouilidis（1980）将能源供应损失描述为一个近

似二次函数①：

$$100g = \frac{GDP_l}{GDP} = \gamma g \omega_i \left[100g \frac{S_i}{D_i}\right]^{1.91}$$

上式中，GDP_l 为由能源中断造成的能源短缺对经济的损失，GDP 为国内生产总值，γ 为能源对经济的贡献率，ω_i 为第 i 种能源所占的能源消费结构比例，S_i 为第 i 种能源中断所造成的能源损失量，D_i 为第 i 种能源总的消费量，$100g \frac{S_i}{D_i}$ 为第 i 种能源短缺的比例，$\frac{GDP_l}{GDP}$ 为经济损失的比例。

3. 参数估计

根据《新中国60年统计资料汇编》和《中国统计年鉴2017》选取1978—2016年的数据进行参数估计，投资数据用固定资产投资数据代替，GDP、固定资产投资换算到以1978年为基准价格。

利用Stata软件得到经济增长与人口增长、能源消费、投资增长的函数关系式如下：

$$\frac{dGDP}{dt} \frac{1}{GDP} = 0.0649 + 0.149 \frac{dK}{dt} \frac{1}{K}$$

---

① J. E. Samouilidis, "Energy Modelling: A New Challenge for Management Science", *Omega*, Vol. 8, No. 6, 1980, pp. 609–621.

$$-0.0699\frac{dL}{dt}\frac{1}{L}+0.1659\frac{dE}{dt}\frac{1}{E}+\mu_t$$

表4-3　　　　　　　　各个变量回归结果

变量	回归系数	标准回归系数	标准误	t值	p值
b0	0.0649	—	0.0078	8.3599	0
b1	0.1659	0.2638	0.0842	1.9716	0.0568
b2	0.0699	0.0718	0.1243	3.5624	0.0775
b3	0.1490	0.5279	0.0392	3.8031	0.0006

调整后 $R^2 = 0.977587$

从以上结果可以看出，统计结果比较显著，所有变量都通过了检验，拟合度也比较好。能源消费增加1%，GDP增长0.1659%，劳动投入增加1%，GDP增加0.0699%，资本增加1%，GDP增加0.1490%。

4. 能源供给中断对经济的影响测算

根据经济增长、能源消费结构、能源储备、风险种类情况，对能源供给中断进行以下情景假设。

（1）按照"十三五"规划，中国经济保持在6.5%以上，按照既有发展水平，2017年中国GDP总额为827122亿元，2020年中国GDP将达到999122亿元。

（2）根据国务院印发的《打赢蓝天保卫战三年行动计划》，2020年中国煤炭消费比重在58%以下，设定煤炭消费比重为58%，天然气消费比重为10%，新能源消费比重为15%，石油消费比重为17%。

（3）假设能源供应短缺时间按1个月、3个月、6个月来测算。

（4）在考虑能源储备因素的情况下，假设每种能源按照危险、值得关注和安全三种情景进行储备，即在每种情景下以最小的储备成本使能源供给风险最小。根据张婷玉对天然气预警天数的研究，中国天然气在三种情景下储备的天数分别为20天、30天和45天。[①] 根据刘满芝对煤炭预警天数的研究，中国煤炭在三种情景下的储备天数分别为8天、14天和40天。[②] 根据林伯强等对石油预警天数的研究，三种情景下石油储备天数分别为21天、31天和42天。[③]

表4-4　　　　　各个能源在不同情景下最优储备规模

能源储规模安全性	危险	值得关注	安全
天然气	20	30	45
煤炭	8	14	40
石油	21	31	42

---

① 张婷玉：《我国天然气战略储备安全预警模型研究》，硕士学位论文，大连海事大学，2015年。

② 刘满芝：《国家煤炭应急储备规模和布局研究》，博士学位论文，中国矿业大学，2012年。

③ 林伯强、杜立民：《中国战略石油储备的最优规模》，《世界经济》2010年第8期。

按照以上情景，利用能源消费的 0.1659 系数对能源供给中断的风险损失进行计算，按照能源中断 1 个月、3 个月和 6 个月在三种情景下分别计算能源风险损失。表 4-5 为无能源储备情景下对能源供给风险损失的计算，表 4-6 为有能源储备情景下对能源供给中断风险损失的计算。

表 4-5　　无能源储备情景下能源供给中断的风险损失

能源种类	能源消费结构比重（%）	中断时间（天）	短缺比例（%）	短缺量（亿吨标准煤）	中断损失（亿元）
煤炭	58	30	0.08	0.046	51026
		90	0.25	0.145	449737
		180	0.5	0.290	1690151
石油	17	30	0.08	0.014	14956
		90	0.25	0.043	131819
		180	0.5	0.085	495389
天然气	10	30	0.08	0.008	8798
		90	0.25	0.025	77541
		180	0.5	0.050	291405

从表 4-5 可以看出，中断时间越长，能源短缺量越多，那么能源供给中断对经济的影响越大，造成的经济损失越大。另外，由于煤炭在中国能源消费结构中占比较大，煤炭供给造成的风险损失要比石油和天然气大得多，例如 2011 年发生的冰冻灾害，由于电力中断，煤炭铁路运输不能得到有效保障，电力供应受

到很大的影响,给生产生活造成严重的损失。虽然石油和天然气在能源消费结构中占比不大,但是石油是重要的战略资源,天然气与人们的生活息息相关,这两种能源供给中断也会带来很大的风险损失。

表4-6　　　有能源储备情景下能源供给中断的风险损失

能源种类	能源消费结构比重(%)	中断时间(天)	短缺比例(%)	短缺量(亿吨标准煤)	中断损失(亿元)
煤炭	58	22	0.06	0.035	30506
		76	0.21	0.122	325619
		140	0.39	0.226	1045827
石油	17	9	0.03	0.004	1622
		59	0.16	0.028	58844
		138	0.38	0.065	298226
天然气	10	10	0.03	0.003	1167
		60	0.17	0.017	35743
		155	0.43	0.043	219008

从表4-6可以看出,能源储备作为一种降低能源供给中断风险的措施,能够起到显著的作用。例如在储备8天煤炭资源的情况下,由于煤炭储备的作用,煤炭供给中断对经济的损失降低了40%,这表明能源储备在应对突发事件时是不可或缺的。特别是中国石油资源赋存有限,对外依存度高,石油的战略储备能够在突发事件中起到重要的作用。

（五）能源供给中断对经济长期影响的测算

1. 可计算的一般均衡模型（CGE）

可计算的一般均衡模型（简称 CGE 模型）作为政策分析的有力工具，经过 30 多年的发展，已在世界上得到了广泛的应用，并逐渐发展成为应用经济学的一个分支，主要是与经济有关的政策分析和经济评价。CGE 模型是指同时考虑经济主体与市场之间以及各个经济主体之间、各个市场之间联系的数值模拟模型。CGE 模型是模拟复杂经济系统运行的有效工具，它把国民经济的各个组成部分通过价格机制有机地联系在一起，建立了经济主体、要素市场和商品市场之间的数量关系，从而可以研究某一方面的冲击对另一方面或者整个国民经济的影响，从一种均衡状态过渡到另一种均衡状态。

能源作为重要的生产要素投入，其供给发生变化会对经济系统产生很大的影响，会使经济从一种均衡过渡到另一种均衡状态。为进一步认识能源供给中断对经济的影响，本节采用 CGE 模型分析能源供给对能源投入、物价、GDP 等变量的影响。

2. 产业部门和参数说明

(1) 根据研究需要，本节将化石能源部门分为煤炭、石油和天然气三个部门，电力部门分为火力发电和清洁能源两个部门，由于本部分研究化石能源供给中断，因此只对煤炭、石油和天然气三种能源进行政策模拟。除此之外，对中间部门进行了合并，最后合并成包括农林牧渔业、食品及烟草业等15个中间部门。

(2) CGE模型需要SAM表作为数据基础，而SAM表主要来源于投入产出表，中国公开最新的投入产出表为2012年，因此，本节采用2012年投入产出表作为基础数据来源。

(3) 为全面分析能源供给中断对经济的影响，对每种能源设立三种情景进行分析，即在能源短缺5%、10%和15%三种情景下，研究能源供给中断造成的能源短缺对宏观经济的影响。

3. 能源供给中断对经济影响的CGE模型测算

(1) 煤炭

从表4-7可知，煤炭供给发生中断时，煤炭价格上涨，煤炭供给下降，各个产业部门对煤炭的需求均出现不同程度的下降，煤炭供给缺口越大，各个产业部门对煤炭的投入越少，只是由于处在产业链位置不同，不同产业部门在幅度上有所不同。煤炭直接下游部门如开采业、化学工业等对煤炭投入下降得更多，火力发电作为煤炭最大的需求部门，其下降幅度小于其他部门，这是由于火电对煤炭的弹性较小，虽然煤炭价格升高，但是缺少替代品，对煤炭的投入下降幅度小于其他产业部门。

表4-7 煤炭供给中断对产业部门煤炭投入的影响（%）

产业部门	煤炭缺口 5%	煤炭缺口 10%	煤炭缺口 15%
农林牧渔业	-4.6770	-9.2922	-14.1045
其他开采业	-6.0287	-11.8538	-17.8074
食品及烟草业	-4.3466	-8.6486	-13.1508
纺织制品业	-3.8312	-7.6507	-11.6729
木材与造纸业	-4.3046	-8.5724	-13.0449
化学工业	-5.7858	-11.3856	-17.1210
非金属矿物业	-4.0839	-8.1305	-12.3731
金属冶炼业	-5.1711	-10.2051	-15.3952
机械设备业	-6.0493	-11.8854	-17.8443
通信、仪表业	-4.6910	-9.3185	-14.1430
建筑业	-5.9663	-11.7371	-17.6420
交通与邮政业	-6.5382	-12.8065	-19.1653
服务业	-4.8883	-9.6912	-14.6805
煤炭开采、洗选和炼焦业	-1.8047	-3.7038	-5.8376
石油开采和加工业	-4.0296	-8.0351	-12.2449
天然气开采和燃气生产业	-4.0260	-8.0283	-12.2353
火电	-3.5778	-7.1577	-10.9463

从表4-8可知，煤炭供给发生中断，供求关系急

剧变化，煤炭价格升高，由于成本推动性通货膨胀，下游产业链部门出现整体价格上涨，造成严重的通货膨胀。煤炭供给中断程度越高，对下游产业部门影响越大，同时，对其自身产业的影响更大，例如煤炭缺口5%，会导致煤炭产业价格暴涨4.82%，并且这种价格上涨是急剧性的，整个经济系统在短时间无法进行调整，对经济影响更大。

表4-8　　　煤炭供给中断对产业部门价格的影响（%）

产业部门	煤炭缺口 5%	煤炭缺口 10%	煤炭缺口 15%
农林牧渔业	0.1	0.21	0.33
其他开采业	0.4	0.82	1.29
食品及烟草业	0.15	0.31	0.49
纺织制品业	0.17	0.35	0.55
木材与造纸业	0.32	0.65	1.01
化学工业	0.49	1.01	1.57
非金属矿物业	0.79	1.62	2.54
金属冶炼业	0.8	1.62	2.54
机械设备业	0.43	0.88	1.38
通信、仪表业	0.28	0.56	0.88
建筑业	0.43	0.87	1.37
交通与邮政业	0.2	0.4	0.63
服务业	0.1	0.21	0.32
煤炭开采、洗选和炼焦业	4.82	10.09	16.22
石油开采和加工业	0.27	0.56	0.88
天然气开采和燃气生产业	0.27	0.56	0.88
火电	1.5	3.09	4.87
清洁能源	0.53	1.08	1.69

从表4-9可知，煤炭供给发生中断会对宏观经济产生影响，对GDP、物价、投资、储蓄等产生影响，造成经济增长下滑、投资和储蓄下降，同时也对市场主体产生影响，造成居民、企业和政府收入下降，物价上涨、收入下滑，自然而然居民福利也会下降。从经济增长和居民福利两个指标来看，煤炭缺口5%会导致GDP下降约0.28%，使居民福利下降257.14%。

表4-9　煤炭供给中断对宏观经济和居民福利的影响（%）

产业部门	煤炭缺口 5%	煤炭缺口 10%	煤炭缺口 15%
居民总收入	0.0075	0.0166	0.0276
居民总储蓄	0.0075	0.0166	0.0276
企业总收入	-0.0967	-0.1959	-0.3041
企业总储蓄	-0.0967	-0.1959	-0.3041
政府总收入	0.0446	0.0977	0.1619
总投资	-0.0886	-0.1790	-0.2773
总储蓄	-0.0886	-0.1790	-0.2773
实际GDP	-0.2791	-0.5662	-0.8802
名义GDP	-0.0252	-0.0497	-0.0754
GDP指数	0.25	0.52	0.81
居民福利	-257.14	-520.908	-808.1067

（2）石油

由表4-10可知，石油供给发生中断也会对下游产业部门的能源投入产生很大的影响，由于替代作用的存在，与石油关联度较小的产业部门减少石油投入幅度在4.5%左右，例如农林牧渔业部门，石油供给中断推动石油价格上涨，那么相当多的农业机械则使用电力机械代替燃油机械。但是，对于化学工业和交通运输业部门来说，石油是这两个部门的原料来源，与其他部门可以寻找替代能源不同，这两个部门下降幅度要小于其他产业部门，并且减少的投入主要是由于需求疲弱。

表4-10　石油供给中断对产业部门石油投入的影响（%）

产业部门	石油缺口 5%	10%	15%
农林牧渔业	-4.39598	-8.62144	-13.0168
其他开采业	-4.7018	-9.20858	-13.882
食品及烟草业	-4.91945	-9.61934	-14.4777
纺织制品业	-4.47188	-8.7678	-13.2326
木材与造纸业	-4.93121	-9.64397	-14.5156
化学工业	-3.71868	-7.314	-11.0765
非金属矿物业	-4.78085	-9.35525	-14.0914
金属冶炼业	-4.77096	-9.33406	-14.056
机械设备业	-4.85255	-9.49358	-14.2963
通信、仪表业	-4.23761	-8.32103	-12.5773
建筑业	-4.11222	-8.07745	-12.2164
交通与邮政业	-2.92793	-5.77621	-8.77692
服务业	-4.33706	-8.50733	-12.8474
煤炭开采、洗选和炼焦业	-4.53496	-8.89008	-13.4127
石油开采和加工业	-4.81319	-9.44298	-14.2784
天然气开采和燃气生产业	-3.38298	-6.64111	-10.0529
火电	-4.15106	-8.14722	-12.3114

由表 4-11 可知，石油供给发生中断造成石油价格上涨，石油作为产业链上游，会通过价格机制向下游进行传导，首先石油价格上涨带动化工产业和交通运输业价格上涨，进而传导到下游的工业部门、轻工业部门，最后传导到消费部门，造成 PPI 和 CPI 上涨，给中国物价调整带来压力。例如石油缺口 5% 会使交通运输业价格上涨 1.05%，远远超出其他产业部门的上涨幅度，食品作为生活必需品，其价格上涨幅度为 0.22%，降低了居民购买力。

表 4-11　　石油供给中断对产业部门价格的影响（%）

产业部门	石油缺口 5%	石油缺口 10%	石油缺口 15%
农林牧渔业	0.17	0.34	0.53
其他开采业	0.55	1.12	1.73
食品及烟草业	0.22	0.44	0.69
纺织制品业	0.25	0.5	0.78
木材与造纸业	0.33	0.67	1.04
化学工业	0.68	1.37	2.13
非金属矿物业	0.52	1.04	1.62
金属冶炼业	0.39	0.79	1.22
机械设备业	0.34	0.68	1.05
通信、仪表业	0.27	0.55	0.85
建筑业	0.43	0.87	1.35
交通与邮政业	1.05	2.12	3.31
服务业	0.19	0.37	0.58
煤炭开采、洗选和炼焦业	0.27	0.54	0.84
石油开采和加工业	3.01	6.17	9.79

续表

产业部门	石油缺口 5%	石油缺口 10%	石油缺口 15%
天然气开采和燃气生产业	0.35	0.71	1.1
火电	0.43	0.87	1.34
清洁能源	0.19	0.38	0.59

由表4-12可知，石油供给中断也会对经济和市场主体产生一定的负面影响，一方面石油供给中断推动产业链价格上涨，对消费、投资和出口产生影响，使GDP下降，石油供给缺口5%导致GDP下降约0.32%，另一方面石油供给中断降低居民购买力、增加生产者成本、降低政府税收，进而使居民、企业和政府收入下降。

表4-12　石油供给中断对宏观经济和居民福利的影响（%）

产业部门	石油缺口 5%	石油缺口 10%	石油缺口 15%
居民总收入	0.01106	0.02284	0.03627
居民总储蓄	0.01106	0.02284	0.03627
企业总收入	-0.09436	-0.1889	-0.29207
企业总储蓄	-0.09436	-0.1889	-0.29207
政府总收入	0.049931	0.10277	0.162461
总投资	-0.08775	-0.1755	-0.27105
总储蓄	-0.08775	-0.1755	-0.27105
实际GDP	-0.31691	-0.63529	-0.98237
名义GDP	-0.02391	-0.04739	-0.07269
GDP指数	0.29	0.59	0.92
居民福利	-398.319	-795.855	-1226.14

(3) 天然气

中国对天然气的需求量越来越大，由表 4-13 可知，天然气供给中断会导致天然气价格上涨，使消费减少和生产成本增加，造成下游产业部门减少对天然气的投入，除天然气直接下游产业部门如化学工业等部门外，其他产业部门减少天然气投入的比例相差不大。

表 4-13　天然气供给中断对产业部门天然气投入的影响（%）

产业部门	天然气缺口 5%	10%	15%
农林牧渔业	-5.07841	-10.02	-15.0614
其他开采业	-5.02215	-9.91557	-14.9099
食品及烟草业	-4.98354	-9.84183	-14.8026
纺织制品业	-4.96987	-9.8158	-14.7654
木材与造纸业	-5.08814	-10.0406	-15.0917
化学工业	-2.95663	-5.86903	-8.87605
非金属矿物业	-4.16098	-8.23167	-12.4043
金属冶炼业	-4.14057	-8.19183	-12.3453
机械设备业	-5.02475	-9.9203	-14.9167
通信、仪表业	-4.87802	-9.64008	-14.5101
建筑业	-5.06276	-9.99487	-15.0262
交通与邮政业	-4.13358	-8.18337	-12.3412
服务业	-5.00877	-9.89037	-14.874
煤炭开采、洗选和炼焦业	-5.03589	-9.94275	-14.9498
石油开采和加工业	-2.4612	-4.8952	-7.41909
天然气开采和燃气生产业	-4.0097	-7.98022	-12.103
火电	-3.21235	-6.37204	-9.62951

从表 4-14 可知，天然气供给中断引起的价格上涨导致下游产业各个部门出现不同程度的上涨，由于各个产业部门在产业链所处的位置不同，因此天然气价格上涨导致各个产业部门价格上涨的程度也不同。例如天然气缺口 5%，其自身产业部门价格上涨 3.07%，会使化学工业和交通运输业价格上涨 0.1%。

表 4-14　天然气供给中断对产业部门价格的影响（%）

产业部门	天然气缺口 5%	天然气缺口 10%	天然气缺口 15%
农林牧渔业	0.02	0.04	0.06
其他开采业	0.09	0.17	0.26
食品及烟草业	0.03	0.06	0.09
纺织制品业	0.03	0.06	0.1
木材与造纸业	0.04	0.09	0.14
化学工业	0.1	0.21	0.31
非金属矿物业	0.07	0.13	0.21
金属冶炼业	0.06	0.12	0.19
机械设备业	0.05	0.1	0.15
通信、仪表业	0.04	0.08	0.12
建筑业	0.05	0.11	0.16
交通与邮政业	0.1	0.2	0.31
服务业	0.02	0.05	0.07
煤炭开采、洗选和炼焦业	0.03	0.07	0.1
石油开采和加工业	0.05	0.1	0.15
天然气开采和燃气生产业	3.07	6.32	9.97
火电	0.06	0.12	0.18
清洁能源	0.02	0.05	0.07

由表 4-15 可知，天然气一旦发生供给中断，造成天然气供给不足，引起天然气价格上涨，会对宏观经济产生一系列的影响。由于天然气在中国能源消费结构中占比较小，因此，其发生供给中断对宏观经济的影响没有煤炭和石油大。例如天然气缺口在 5% 和 10% 情景下，对实际 GDP 的影响分别约为 0.05% 和 0.11%。

表 4-15　天然气供给中断对宏观经济和居民福利的影响（%）

产业部门	天然气缺口 5%	天然气缺口 10%	天然气缺口 15%
居民总收入	0.000816	0.001649	0.002537
居民总储蓄	0.000816	0.001649	0.002537
企业总收入	-0.01827	-0.03702	-0.05726
企业总储蓄	-0.01827	-0.03702	-0.05726
政府总收入	-0.00012	-0.00028	-0.00049
总投资	-0.01648	-0.03332	-0.0514
总储蓄	-0.01648	-0.03332	-0.0514
实际 GDP	-0.05381	-0.10781	-0.16464
名义 GDP	-0.00649	-0.01315	-0.02035
GDP 指数	0.05	0.09	0.14
居民福利	-87.7868	-175.083	-266.102

（六）结论

本部分分析了中国能源资源禀赋和生产消费的现状，对能源供给中断风险进行了识别，从直接风险和间接风险角度分析了能源供给中断对经济影响的理论，从短期和长期两个角度分别对能源供给中断对经济的影响进行了测算，据此提出降低中国能源供给风险的战略重点和应对措施，并得到以下结论。

第一，中国能源资源供应面临较为复杂的形势。

中国能源资源呈现种类储量不均、分布不均等特点，而中国经济发展与能源资源呈现逆向分布的特征，这给中国能源供应带来运输上的风险，加上中国能源特别是石油等战略资源储采比与世界平均水平有不小的差距，国际能源价格波动和产油国政治动荡给中国能源供给带来市场风险，能源消费持续增加与国内能源生产不足之间的矛盾使中国面临较为复杂的形势。

第二，能源储备能够有效降低能源供给中断的损失。

能源供给中断对经济造成的短期影响表明，能源投入每增加1个百分点，经济增长0.1659个百分点，在其他条件一致的情况下，能源比重越大的能源其供给中断对经济的影响越大，在有能源储备的情景下，能源供给中断对经济的影响小于无能源储备的情景，以储备煤炭8天为例，有能源储备比无能源储备情景下对经济的影响降低了40%。

第三，能源供给中断对经济和产业部门产生负面影响。

能源供给中断对经济造成的长期影响表明，能源供给会造成经济系统一定的失衡，在经济系统达到新的均衡状态时，由于能源是经济发展的一项重要投入，因此，能源供给缺少会对经济发展造成一定的负面影响，会使 GDP 增长下降，居民和政府收入降低，使产业部门价格上涨和产出减少。此外，由于各个产业部门处在产业链不同的位置，对产业部门造成的影响也不同。

五　能源价格波动的影响分析

随着工业化以及城镇化的继续推进，人们对能源需求和依存度还会逐步上升。能源作为极其重要的要素投入，被称为国民经济的"血液"，其价格变动涉及国民经济的方方面面，不仅反映了微观能源市场的供需状况，还体现着国家宏观经济运行的状况。因此，衡量能源价格波动对当前中国宏观经济的影响变得越发重要。本节首先以现有文献为基础，选取中国主要的能源品种，构建了综合能源价格指标，随后从能源价格对中国宏观经济的影响入手，进行了实证分析，具体考察了能源价格波动对中国的总量效应和结构效应。

（一）能源价格指数的构建与应用

通过文献回顾不难发现，大多数文献采用单一品种能源的价格指标研究特定问题，然而，能源价格整体的波动对宏观经济的传导作用如何还没有被清晰地解析出来。深入研究能源价格整体变动对宏观经济的影响是十分必要的。此外，中国尚未建立起统一的能源价格指数，大多数学者采用燃料、动力购进价格指数或者工业生产者出厂价格指数作为能源价格的替代指标。目前，仅有少数学者构建了能源综合价格指标，例如，何凌云和杨雪杰等构建了省级层面1995—2012年的综合性能源价格指数，研究发现能源价格通过影响产业结构、技术水平、能源强度对碳强度分别产生了0.576%、0.048%和0.787%的作用。[1] 林伯强和刘泓汎构建了行业层面的能源价格指数，研究发现能源价格提升有利于提高能源效率。[2]

在借鉴现有文献的基础上，本节主要使用四种能源品种价格来构建能源价格综合指数，即煤炭、石油、天然气以及电力，前三种为化石能源，电力为非化石能源。关于煤炭价格，结合中国在2002年1月1日取消电煤政府指导价，煤炭价格完全依赖于市场定价，从政策层面上确立了煤炭价格市场化的形成。本部分

---

[1] 何凌云、杨雪杰、尹芳等：《综合性能源价格指数对中国省域碳强度的调节作用及其比较——来自30个省份面板数据的实证分析》，《长江流域资源与环境》2016年第6期。

[2] 林伯强、刘泓汎：《对外贸易是否有利于提高能源环境效率——以中国工业行业为例》，《经济研究》2015年第9期。

的研究区间为 2003 年 3 月至 2018 年 3 月，数据频率为月度数据，由于国内煤炭品种众多，考虑到数据的权威性，选用秦皇岛煤炭平仓价格［山西优混（Q5500K）］作为煤炭价格的指标，数据来源于 WIND 数据库。

对于石油价格，由于中国的原油市场还没有完善的定价机制，经常参考国际上同类品质的原油产品定价。参考国内较多相关文献，以布伦特原油现货价格来表征石油价格，数据来源于万德（Wind）数据库。天然气价格使用国家发展改革委价格监测中心发布的月度天然气使用价格，数据来源于 CEIC 数据库。由于电力市场具有寡头垄断的特性，受到政府管制的程度较大。在电力市场中，电力商品从生产到消费的所有环节均由政府进行协调和控制。因此，电力价格相对其他能源价格变动较为平稳。电力价格主要包括居民等公共服务事业用电价格和工业用电两个部分，采用两者的电力消费结构作为权重，对相应的价格进行加权平均，最终得到电力综合价格。其中，居民电价采用 36 个城市月平均价格，工业用电价格采用 36 个城市普通工业用电价格。电力价格与消费相关数据来源于 CEIC 数据库。

在获得了各能源品种价格后，接下来构建综合能源价格指数（以 EP 表示）。首先将以美元为单位的原油价格根据当月的美元汇率换算成人民币,随后将各能源品种的价格均折算为标煤单位,然后以各能源品种对应年份的能源结构进行加权平均得到综合的能源价格。2003—2016年的能源结构数据来源于《中国能源统计年鉴》。2017年的能源消费结构来源于电力规划设计总院发布的《中国能源发展报告2017》。考虑到2018年1—3月的能源消费结构相对于2017年不会变动太多,因为以2017年的能源消费结构予以代替。根据此报告,2017年,中国的能源消费仍旧以煤炭消费为主,占比为60.4%,同比下降1.6个百分点;其次是石油和非化石能源,比重分别为18.8%和13.8%,天然气占比为7%。对所有数据均采用X12季节调整法进行季节调整,以消除时间序列季节性因素的影响。

由于电力与天然气的消费比重相对较小,而且价格管制程度较高,图5-1仅列出了能源综合价格、煤炭价格和原油价格的走势。可以发现,中国煤炭价格与国际原油价格的走势基本保持一致。以煤炭为例,自2002年中国实行煤炭价格双轨制以来,短期限制对煤炭价格的变动的确产生了一定的影响,但从中长期来看影响是有限的。煤炭价格的最终走势仍然是由供需决定。2004年6月国家发展改革委要求煤炭主产省的电煤价波动不超±8%。但从图5-1来看,该措施的出台并未遏制住煤价的上涨，即使在下一年取消该措施后，仍未造成价格暴涨。2008年国际金融危机发生后，中国出台了相应的"四万亿"政策，煤炭市场受到较大的刺激，煤价一路上扬，国家发展改革委于2008年7月制定了动力煤限价，随后煤价暴涨的势头得到有效遏制，煤价回落，但之后仍然呈上涨趋势。2010年6月，国家发展改革委要求大型煤企遵循年度合同煤价，尽管如此，煤价上涨的势头仍然持续了两年。2012年12月国务院出台了《关于深化电煤市场化改革的指导意见》，明确要求从2013年起取消电煤价格双轨制，煤炭企业和电力企业自主协商确定价格。在这一时期，煤价处于下行通道，一直持续到2016年上半年。2010年后，煤价一直处于低迷的原因主要有两点：一是国际煤价连续走低和煤企产能过剩；二是

图 5-1 能源综合价格

资料来源：本书课题组自制。

国际油价下跌引发的联动效应。从 2016 年下半年起，由于供给侧产能出清叠加去产能政策，煤价重回上升通道。整体来看，政府的限价并未改变煤价的总体趋势。

（二）价格波动对国民经济发展的影响

本节通过建立向量自回归模型（VAR）、误差修正模型（VEC）等，考察能源价格波动对中国宏观经济的影响。根据第一节构建的能源综合价格指标，主要从总量效应和结构效应两个层面来研究。其中，总量效应从物价〔居民消费物价指数（CPI）和工业生产价格指数（PPI）〕和总产出两个方面展开。在结构效应方面，主要研究能源价格波动对消费、投资和对外贸易的长短期效应。

1. 变量说明和数据来源

CPI 是用于衡量家庭或者个人购买的商品和服务项目价格水平变动趋势指数，主要包括城乡居民日常生活的消费品，以及与日常生活息息相关的各种服务项目，例如水、电、教育、医疗等。CPI 的环比数据来源于 CEIC 数据库。

PPI 是全部工业品出厂价格总水平的变动趋势指

数。由于该数据为同比数据，需要转换成环比数据，借鉴林伯强等学者的做法，对选用的同比数据以2003年2月为基期进行定基环比处理。对所有数据均采用X12季节调整法进行季节调整，以消除时间序列季节性因素的影响，然后对CPI与PPI变量取自然对数。

产出使用GDP表示，由于来自国家统计局的GDP数据为季度数据，因此，需要进行月度处理，使用Eviews 10.0软件将其转化成月度数据，并使用Census X12方法进行季度调整。另外，产出衡量了总量效应，而消费、投资与对外贸易可以视为结构效应，消费采用全社会消费品零售额来表示，投资采用当月的城镇固定资产投资来表示，对外贸易采用出口额与进口额的总和表示。其中出口额与进口额均通过当月的美元兑人民币的汇率换算成人民币。对得到的消费、投资与对外贸易数据使用Census X12方法进行季度调整。消费、投资与对外贸易的数据来源于WIND数据库。

最后，为了消除时间序列数据中的异方差现象，将指数趋势转成线性趋势，并将以上得到的变量序列取对数，将CPI、PPI、GDP、消费、投资和对外贸易分别记为：LCPI、LPPI、LGDP、LCON、LINV_SA、LTRAD。从图5-2可以发现，在样本区间内，中国

GDP 整体呈上升趋势，在 2008 年增速有一定的下滑，这与中国经济的整体走势大体是吻合的。中国的消费、投资与对外贸易整体也呈现上升趋势，其中消费和投资的上升趋势更加明显。进出口总额呈现一定的波动性特征。

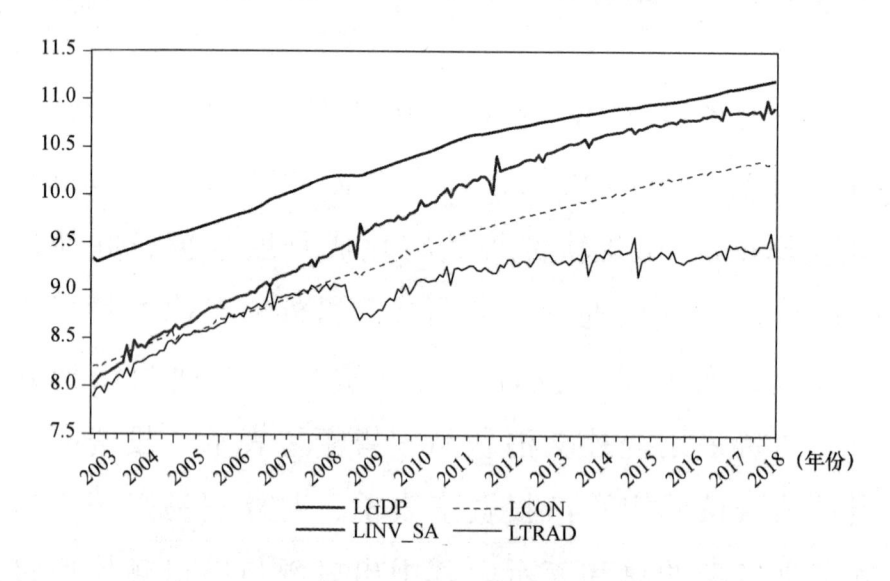

图 5-2　GDP、消费、投资与对外贸易

2. 序列的平稳性检验

在研究能源价格与各变量的关系前，特别在研究是否存在协整关系中，为了避免出现"伪回归"，需要对各变量的平稳性进行检验，即各序列均值和协方差不随时间变化而变化。当变量非平稳时，残差非平稳，无法用样本均值和方差推算各时间点随机变量的分布特征，协整分析的有效性难以得到保障。从表 5-1 可发现，所有变量的初始序列，即水平值均是不

平稳的,但在一阶差分后均变得平稳。所有序列均为 I(1) 序列,可以进一步检验各变量间的长期均衡关系。

表 5-1　　　　　　　　变量的平稳性检验

水平值	ADF统计量	P值	状态	一阶差分	ADF统计量	P值	状态
LEP_SA	-2.581	0.289	不平稳	D(LEP_SA)	-8.451	0.000	平稳
LCPI	-2.602	0.280	不平稳	D(LCPI)	-10.373	0.000	平稳
LPPI	-2.220	0.475	不平稳	D(LPPI)	-6.249	0.000	平稳
LGDP	-1.560	0.805	不平稳	D(LGDP)	-12.280	0.000	平稳
LCON	0.755	1.000	不平稳	D(LCON)	-14.101	0.000	平稳
LINV_SA	0.258	0.998	不平稳	D(LINV_SA)	-14.328	0.000	平稳
LTRAD	-2.497	0.329	不平稳	D(LTRAD)	-14.259	0.000	平稳

3. 结果

能源价格变动对中国宏观经济影响的主要研究思路为:构建 VAR 模型,并对变量之间是否存在协整关系进行考察,若存在,则建立误差协整修正模型。

(1) 能源价格波动对 CPI 和 PPI 的影响效应

①VAR 模型

分别构建能源价格与 CPI 和 PPI 的 VAR 模型。首先使用 VAR 模型的滞后准则确定变量的滞后阶数。结果显示,能源价格与 CPI 和 PPI 的滞后阶数分别为 2 和 3。两个 VAR 模型调整后的 R^2 值均超过 0.99,分别表明模型的拟合优度良好,所构建的模型具有较好的解释力。从回归系数来看,能源价格波动对 CPI 的影响在统计上并不显著,但对 PPI 的作用较为明显。能源价格的一阶滞后项对 PPI 的影响显著为正,但其二阶滞后项显著为负,且效应大于一阶滞后项。上述结果表明能源价格对 CPI 和 PPI 均产生了影响,对 PPI 的传导作用显著大于 CPI。

表 5-2　　　　　能源价格对 CPI 的 VAR (2) 模型

变量	系数	标准误	t 值
LCPI (-1)	1.220	(0.077)	[15.789]
LCPI (-2)	-0.220	(0.077)	[-2.853]
LEP_SA (-1)	0.004	(0.009)	[0.500]
LEP_SA (-2)	-0.004	(0.009)	[-0.429]
R^2	0.998	F 统计量	26524.16
调整后的 R^2	0.998	AIC	-7.452

表 5-3　　　　　能源价格对 PPI 的 VAR (3) 模型

变量	系数	标准误	t 值
LPPI (-1)	1.925	(0.079)	[24.260]
LPPI (-2)	-1.241	(0.135)	[-9.188]
LPPI (-3)	0.307	(0.071)	[4.337]
LEP_SA (-1)	0.026	(0.007)	[3.754]
LEP_SA (-2)	-0.031	(0.010)	[-3.072]
LEP_SA (-3)	0.006	(0.007)	[0.803]
C	0.042	(0.018)	[2.354]
R^2	0.998	F 统计量	16088.76
调整后的 R^2	0.998	AIC	-8.449

②协整关系

判断是否存在协整关系使用 Johansen 检验。由于协整检验对滞后阶数比较敏感，此处采用上一小节构建 VAR 模型时得到的最佳滞后阶数。协整检验的滞后阶数为 VAR 模型的最佳滞后阶数减 1。根据协整检验结果，能源价格与 PPI 的协整方程为：

$$LPPI = 11.829 \times LEP\_SA - 75.947$$
$$(4.067)$$

$$LCPI = 1.548 \times LEP\_SA + 15.369$$
$$(2.648)$$

上述方程的含义为，长期来看能源价格对中国的 PPI 和 CPI 具有显著的促进作用，且前者大于后者，该结果符合传导机制的直观预期。能源价格与 PPI 和 CPI 的协整方程分别为：

$$\begin{aligned}D(LPPI) = &-0.0002[LPPI(-1) - 11.829 \\&\times LEP\_SA(-1) + 75.947] \\&+ 0.942 \times D[LPPI(01)] \\&- 0.293 \times D[LPPI(-2)] \\&+ 0.026 \times D[LEP\_SA(-1)] \\&- 0.005 \times D[LEP\_SA(-2)] + 0.0005\end{aligned}$$

$$\begin{aligned}D(LCPI) = &-0.0003 \times [LCPI(-1) \\&+ 1.548 \times LEP\_SA(-1) - 15.369] \\&+ 0.223 \times D[LCPI(-1)]\end{aligned}$$

$$+ 0.004 \times D[LEP\_SA(-1)] + 0.002$$

该式表示，VEC 模型的误差修正项为 -0.0002 和 -0.0003，均小于 0，在统计上并不显著，误差修正项的系数反映了 VEC 模型从非均衡状态向均衡状态靠近的速度。该系数较小表示模型的修正速度较慢，能源价格波动对中国 CPI 和 PPI 的短期影响作用较小。从能源价格波动对 PPI 的短期效应来看，能源价格每变动 1%，当期引起 PPI 同向变动 0.026%，第 2 期引起 PPI 反向变动 0.005%，引起 CPI 同向变动 0.004%。总体上看，能源价格对 CPI 的短期作用小于 PPI。

③传导时滞

脉冲响应函数刻画了结构式冲击的单位变动对内生变量的影响，换言之，内生变动对结构式冲击带来的一单位标准差新息变化所产生的当期或者滞后响应。如图 5-3 所示，一单位标准差能源价格对 PPI 的冲击在前 12 期为正，在第 1 期后才开始显现，并在第 5 期达到最大，随后逐渐下降，在第 13 期后，能源价格对 PPI 的冲击变为负向。然而，在样本周期内，能源价格对 CPI 的直接冲击效应并不明显，我们猜测，能源价格作为工业生产的主要原料，主要是通过传导至 PPI 上，再经由 PPI 传导至 CPI。

为了证明上述猜想，我们将能源价格、PPI 与 CPI 纳入同一个框架内，进一步考察三者之间的关系。首

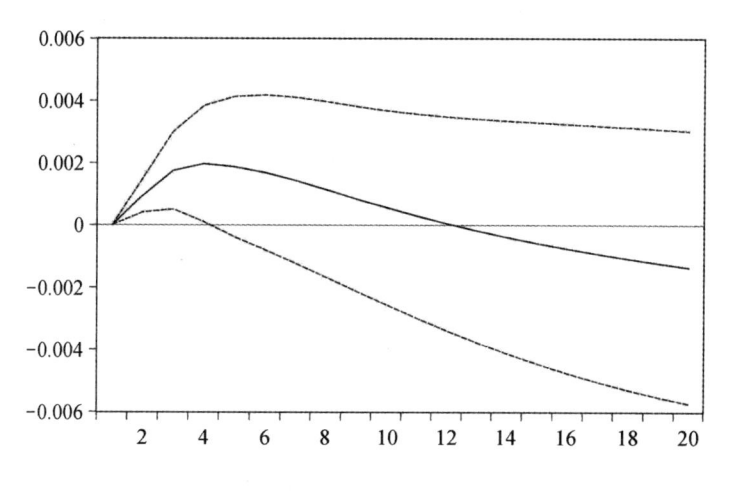

图 5-3 能源价格对 PPI 的脉冲响应函数

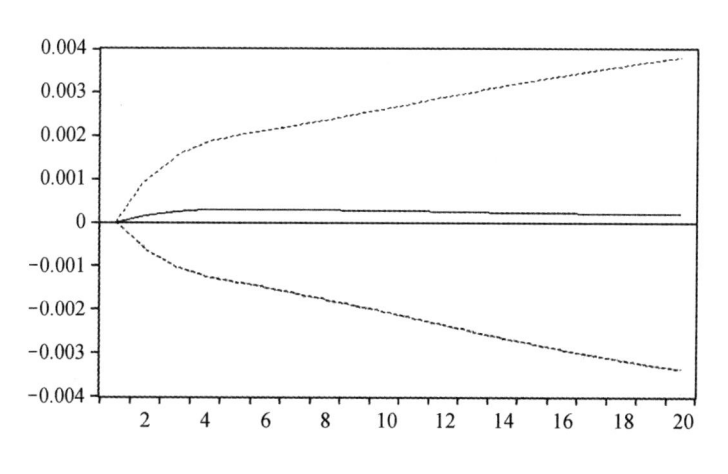

图 5-4 能源价格对 CPI 的脉冲响应函数

先假定滞后阶数为 2，构建基于能源价格、PPI 与 CPI 的 VAR 模型，然后使用滞后准则确定变量的滞后阶数为 4，随后重新构建滞后阶数为 4 的 VAR（4）模型，运用脉冲响应函数描述变量结构式冲击的单位变化对其他变量的动态影响。结果显示，能源价格对 PPI 和

CPI 的效应仍旧一致，还发现 PPI 对 CPI 具有明显的正向冲击效应，尽管在初始 1—5 期的效应在统计上不显著，但在第 6 期后变得非常显著，且该正向冲击是持续的。然而，CPI 对 PPI 的冲击虽然为正，但在统计上并不显著。该结果表明能源价格对 CPI 的影响是通过 PPI 作为中介渠道来完成的。

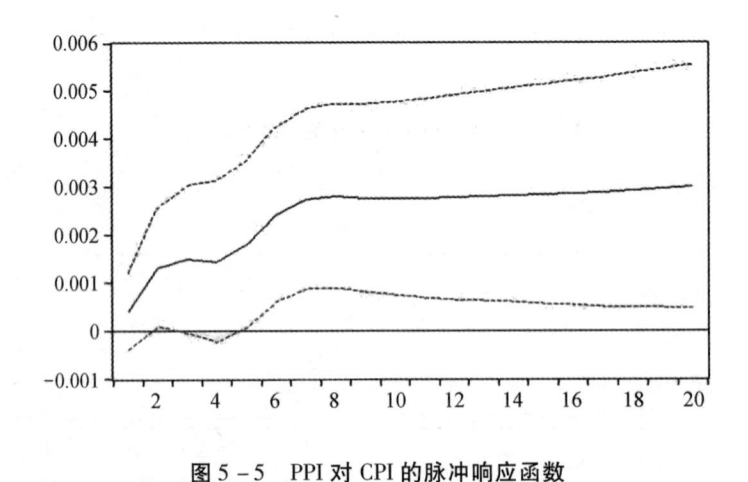

图 5-5　PPI 对 CPI 的脉冲响应函数

④方差分解

基于预测方差分解法来考察能源价格波动分别对中国 PPI 和 CPI 的贡献度。结果显示，PPI 的预测方差主要来源于自身的不确定性。整体来看，能源价格对 PPI 的方差贡献率经历了先上升后下降的过程，初始时期该值为 18.09%，并在第 6 期达到最高值 36.34%，随后稳步下降，在第 20 期时为 20.7%。CPI 对 PPI 的方差贡献率较小，第 1 期为 0，在第 5 期后保持稳定，最高时仅为 2% 左右。同样地，CPI 的预测方差主要来

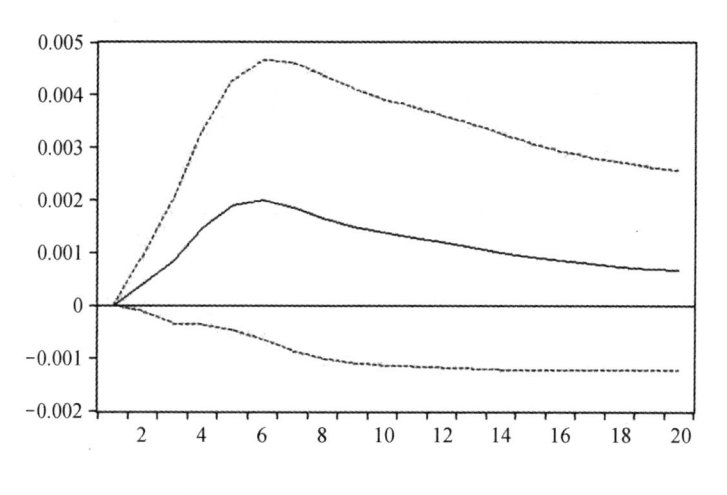

图 5-6 CPI 对 PPI 的脉冲响应函数

源于自身。在第 1 期 CPI 自身的方差贡献率为 94.97%，之后逐步减少，能源价格与 PPI 对 CPI 的方差贡献率逐步上升，在第 1 期两者的方差贡献率分别为 4.49% 和 0.54%，其中，能源价格的方差贡献率经历了上升下降再上升的过程，在第 2 期之前，PPI 对

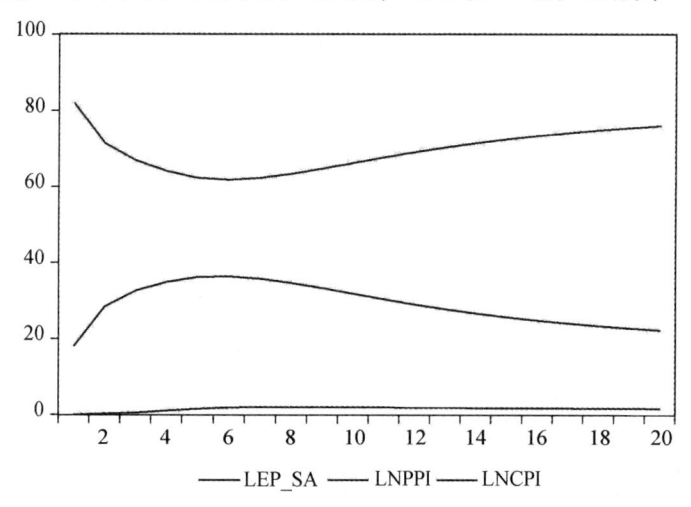

图 5-7 LPPI 的预测方差分解

CPI 的方差贡献率小于能源价格对 CPI 的方差贡献率，在第 3 期后，PPI 对 CPI 的方差贡献率稳步超过能源价格对 CPI 的方差贡献率。在第 20 期，PPI 和能源价格对 CPI 的方差贡献率分别为 21.79%、11.35%。该结果进一步证实了能源价格通过作用于 PPI 再传导至 CPI。

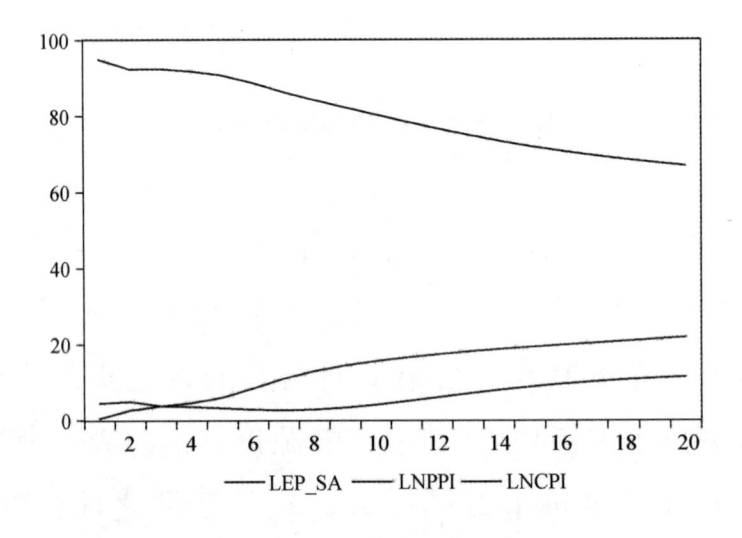

图 5-8　LCPI 的预测方差分解

（2）能源价格波动对产出的影响效应

①VAR 模型

本部分主要考察能源价格波动对中国产出的总量效应和结构效应，同样通过构建能源价格与产出（LGDP）的 VAR 模型来完成。首先使用滞后准则确定 VAR 模型的滞后阶数。检验结果显示，能源价格与产出 VAR 模型的滞后阶数为 8，VAR 模型的 $R2$ 值为

0.999，说明模型的拟合优度良好，所构建的模型具有较好的解释力。从回归系数来看，能源价格波动对产出的影响呈现出一定的波动性特征，能源价格滞后一期的产出效应最大，且为正，但随后在第2、3、4期变为负。

表5-4　　能源价格波动对产出的 VAR 模型

变量	系数	标准误	t 值
LGDP（-1）	1.808	-0.077	[23.613]
LGDP（-2）	-0.664	-0.159	[-4.181]
LGDP（-3）	-0.595	-0.167	[-3.571]
LGDP（-4）	0.792	-0.169	[4.698]
LGDP（-5）	-0.216	-0.167	[-1.292]
LGDP（-6）	-0.448	-0.164	[-2.729]
LGDP（-7）	0.458	-0.116	[3.965]
LGDP（-8）	-0.136	-0.044	[-3.110]
LEP_SA（-1）	0.013	-0.004	[2.871]
LEP_SA（-2）	-0.013	-0.008	[-1.680]
LEP_SA（-3）	-0.005	-0.008	[-0.674]
LEP_SA（-4）	-0.002	-0.008	[-0.240]
LEP_SA（-5）	0.008	-0.008	[1.029]
LEP_SA（-6）	-0.004	-0.008	[-0.455]
LEP_SA（-7）	-0.005	-0.007	[-0.655]
LEP_SA（-8）	0.007	-0.004	[1.702]
C	0.017	-0.006	[2.703]
R^2	0.999	F 统计量	548481.1
调整后的 R^2	0.999	AIC	-9.173

②协整关系

与上一节类似,判断是否存在协整关系使用Johansen检验。结果显示,能源价格与产出存在协整关系。最佳滞后阶数为VAR模型的滞后阶数减1,并构建协整检验模型。根据协整检验结果,能源价格与产出的协整方程为:

$$LGDP = 1.614 \times LEP\_SA - 0.623$$
$$(-2.780)$$

上述方程的含义为,长期来看中国能源价格与产出表现为显著的协整关系,且经济意义显著,能源价格增长1%,则实际经济增长1.614%。直观上,中国能源价格与GDP的正向关系不符合理论预期,为了进一步确认该关系,排除模型设定偏误,我们还对产出的原序列(未剔除GDP价格指数影响)进行了检验,得到的相关系数仍为正。这说明该结果出现与预期不一致在很大程度上并非模型设定偏误或者变量选取不当导致的,而是原有序列本来所具有的特定关系。该结果的原因可能是中国一贯奉行对能源价格管制的政策,尽管能源价格市场化有所推进,但能源价格整体上并没有反映能源的稀缺性和应用价值。能源价格上涨,会提高能源开采业和加工业的利润,特别是对于以能源为主要原材料能够实行一体化经营的企业来说,能源价格上涨,能够将上游成本直接转移到下游产业,进而影响整体的行业收益。综合来说,能源价格上涨在长期将促进中国 GDP 上升。

误差修正模型体现了能源价格对产出的短期作用,根据估计结果,能源价格对产出的短期效应方程为:

$$
\begin{aligned}
D(LGDP) = &-0.001 \times [LGDP(-1) \\
& -1.614 \times LEP\_SA(-1) + 0.623] \\
& +0.835 \times D[LGDP(-1)] \\
& +0.149 \times D[LGDP(-2)] \\
& -0.451 \times D[LGDP(-3)] \\
& +0.343 \times D[LGDP(-4)] \\
& +0.13 \times D[LGDP(-5)] \\
& -0.301 \times D[LGDP(-6)] \\
& +0.12 \times D[LGDP(-7)] \\
& +0.013 \times D[LEP\_SA(-1)] \\
& -0.001 \times D[LEP\_SA(-2)] \\
& -0.006 \times D[LEP\_SA(-3)] \\
& -0.008 \times D[LEP\_SA(-4)] \\
& +0.0004 \times D[LEP\_SA(-5)] \\
& -0.003 \times D[LEP\_SA(-6)] \\
& -0.008 \times D[LEP\_SA(-7)] + 0.002
\end{aligned}
$$

从上式可以看出,VEC 模型的误差修正项为 -0.001,表明误差修正项为负反馈机制,且在10%的统计水平上显著。但该系数较小表示模型的修正速度较慢，即短期波动偏离长期均衡时，将以0.1%的速度对下一期的 D（LGDP）产生影响。从能源价格波动对产出的短期效应来看，能源价格每变动1%，当期引起产出同向变动0.013%，分别引起第2、3、4期产出反向变动0.001%、0.006%、0.008%。

③传导时滞和方差分解

图5-9表示，产出对一单位标准差能源价格的响应在第1期为负，但在统计上并不显著，但随后在第2期后正向冲击效应愈加明显，在第3期达到最大值后快速回落，并在第4期变为负向冲击，在第10期负向冲击达到最大，并且在统计上是显著的，之后呈现平缓下降趋势，逐渐趋于零。可以发现，能源价格对GDP的冲击时间较长，结果显示在60期后还未收敛至零。方差分解的结果表明，GDP的预测误差主要来自

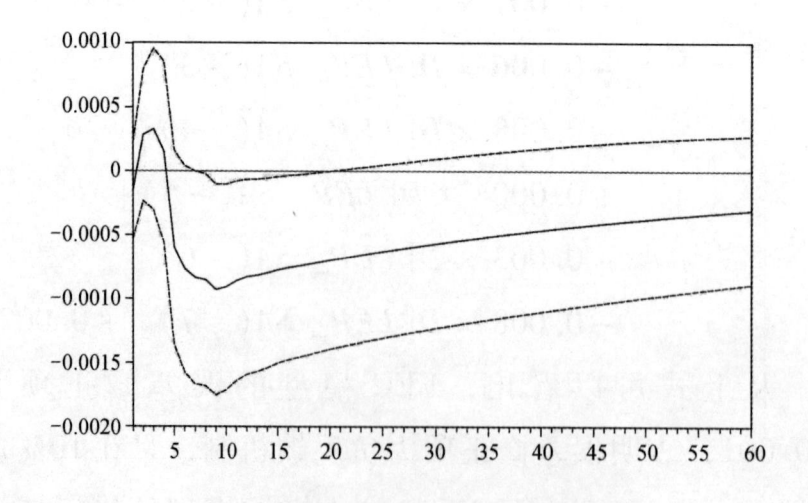

图5-9 能源价格对GDP的脉冲响应函数

自身变动的不确定性，能源价格对 GDP 的贡献在第 1 期几乎为 0，在第 12 期之前快速上升，并在 20 期后逐渐稳定为 17% 左右。

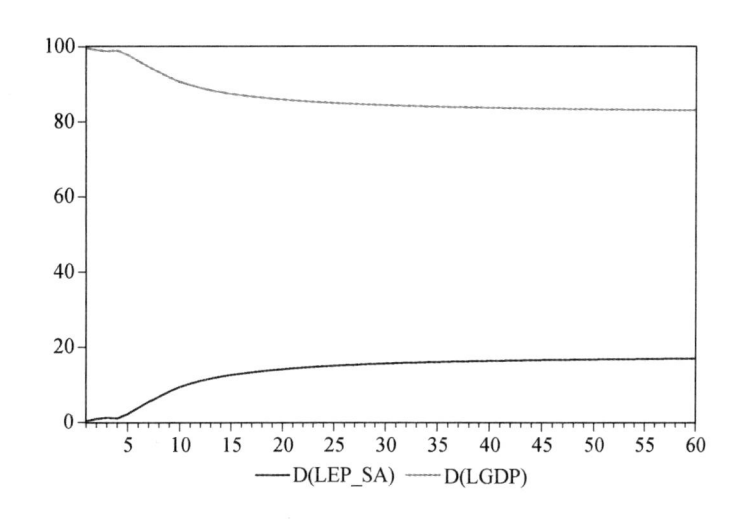

图 5-10 LGDP 的预测方差分解

（3）能源价格波动对产出的结构效应

本节的结构效应主要分析能源价格波动对中国总产出中的消费、投资、进出口的影响。消费、投资、进出口分别用 LCON、LINV、LTRAD 来表示。在建立协整方程之前，首先需要通过构建 VAR 模型来确定各个模型的最优滞后阶数，根据滞后准则 AIC，能源价格与消费、投资、进出口的 VAR 模型的最优滞后阶数分别为 3、4、4，则相应地协整方程的最优滞后阶数分别为 2、3、3。

①协整关系

协整检验结果表明，能源价格与消费存在协整关系，两者协整关系表达式为：

$$LCON = -0.082 \times LEP\_SA + 9.973$$

能源价格与投资存在长期的协整关系，两者协整关系的表达式为：

$$LINV = 0.869 \times LEP\_SA + 3.884$$

能源价格与投资存在长期的协整关系，两者协整关系的表达式为：

$$LTRAD = -0.985 \times LEP\_SA + 15.757$$

根据以上结果，能源价格波动与中国消费和对外贸易具有长期负向关系，但与投资具有显著正向关系。能源价格每波动1%，消费和对外贸易将分别反向变动0.082%和0.985%，投资将同向变动0.869%。长期来看，能源价格上升对中国消费和对外贸易负向影响符合理论预期，以对外贸易为例，能源价格提高会造成中国以能源为原材料的出口产品的成本大幅提升，从而使中国产品的国际市场竞争力下降，由于中国是以出口为主的典型外向型经济，出口在GDP中占较大比重，因此长期能源上涨对对外贸易具有负向影响。能源价格对投资的长期正向影响不符合理论预期，这是因为影响投资的变动较多，是各变量综合作用的结果。

接着继续构建误差修正模型来考察变量间的短期影响。鉴于上述检验结果已经表明能源价格与消费、投资和对外贸易分别具有协整关系，进一步构建误差修正模型，并根据 AIC 信息准备来判定误差修正模型的最优滞后阶数。能源价格对消费、投资和对外贸易的 VEC 模型分别为：

$$\begin{aligned} D(LCON) = &-0.01 \times [LCON(-1) \\ &+ 0.082 \times LEP\_SA(-1) - 9.973] \\ &- 0.448 \times D[LCON(01)] \\ &- 0.241 \times D[LCON(-2)] \\ &- 0.012 \times D[LEP\_SA(-1)] \\ &+ 0.054 \times D[LEP\_SA(-2)] + 0.02 \end{aligned}$$

$$\begin{aligned} D(LINV\_SA) = &-0.021 \times [LINV\_SA(-1) \\ &- 0.869 \times LEP\_SA(-1) - 3.884] \\ &- 0.966 \times D[LINV\_SA(-1)] \\ &- 0.622 \times D[LINV\_SA(-2)] \\ &- 0.297 \times D[LINV\_SA(-3)] \\ &+ 0.177 \times D[LEP\_SA(-1)] \\ &- 0.025 \times D[LEP\_SA(-2)] \\ &- 0.166 \times D[LEP\_SA(-3)] + 0.046 \end{aligned}$$

$$\begin{aligned} D(LTRAD) = &-0.024 \times [LTRAD(-1) \\ &+ 0.985 \times LEP\_SA(-1) - 15.757] \\ &- 0.738 \times D[LTRAD(-1)] \\ &- 0.372 \times D[LTRAD(-2)] \\ &- 0.084 \times D[LTRAD(-3)] \end{aligned}$$

$$+ 0.178 \times D[LEP\_SA(-1)]$$
$$+ 0.253 \times D[LEP\_SA(-2)]$$
$$+ 0.202 \times D[LEP\_SA(-3)] + 0.017$$

从上述结果来看，能源价格对消费误差修正项为 -0.01，为负反馈机制，并在统计上是显著的。从短期来看，能源价格作用于消费，以 -1% 的速度进行调整，对下一期 D（LCON）产生影响，进而最终实现长期均衡。具体从系数来看，能源价格每变动 1%，消费将在当期、第二期分别变动 -0.012%、0.054%，整体效应为 0.042%，即能源价格波动对中国的消费在短期具有较小的正向效应。投资上，能源价格对投资的误差修正项为 -0.021，说明从短期来看，能源价格能够以 -2.1% 的速度作用于投资，对下一期的 D（LINV）产生影响，在经过短期误差修正后，最终实现长期均衡。从具体效应来看，能源价格每波动 1%，投资将在当期、第 2 期、第 3 期分别变动 0.177%、-0.025%、-0.166%，整体效应为 -0.014%，说明能源价格波动对中国投资具有短期的负效应。能源价格对对外贸易的误差修正项为 -0.024，为负反馈机制，同样符合修正的意义，能源价格作用于对外贸易，以 -2.4% 的速度对下一期 D（LTRAD）进行调整，并实现长期均衡。能源价格每波动 1%，对外贸易在当期、第 2 期、第 3 期均为正向效应，分别变动 0.178%、

0.253%、0.202%，总体效应为0.633%，说明能源价格波动对中国的对外贸易在短期具有正效应。

②能源价格对消费、投资、对外贸易的脉冲效应分析

从图5-11中可以看出，能源价格变动一单位标准差，对消费的影响为正，但在统计上并不显著，在第1个月的影响为正，在第1期有所减少，在第3期上升并达到最大，此后逐渐回落至0。方差分解结果显示，能源价格对消费的方差贡献率较小，在第1期为0.849%，随后缓慢上升，并在第7期后稳定在2.75%左右。

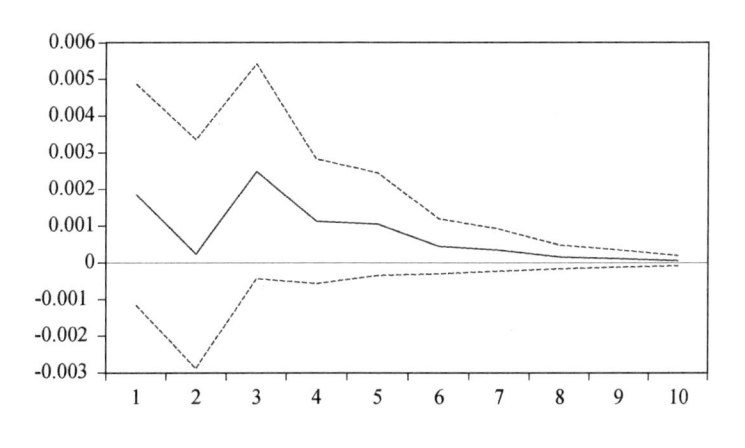

图5-11 能源价格对消费的脉冲效应函数

能源价格波动对投资的冲击在第1期为负，但效应较小，为-0.003%，在第2期变为显著的正向效应，并达到峰值0.01%，随后在波动中逐渐下降，在第6期之后趋于零。方差分解结果表明，能源价格对

投资的方差贡献率也较小,在第 1 期为 0.289%,但在第 2 期有较大幅度的上升并稳定在 2.74% 左右。

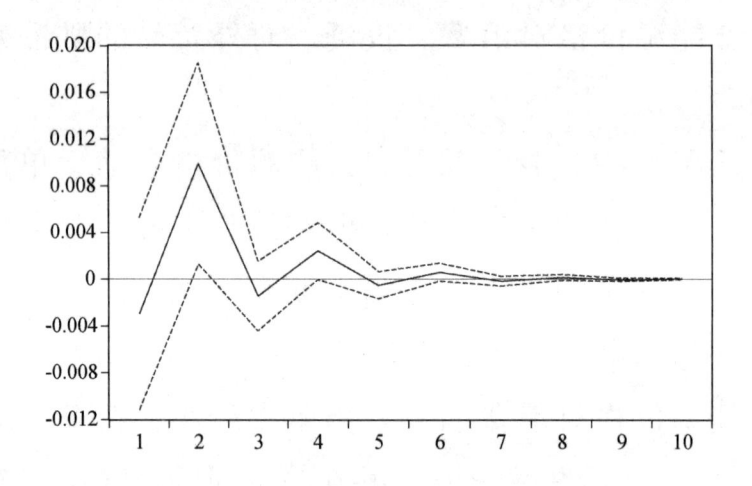

图 5-12 能源价格对投资的脉冲效应函数

能源价格波动对对外贸易的脉冲效应在第 1 期为 0.016%,且在统计上显著,但在第 2 期呈现为较小的负向效应,且不再显著,随后在第 3 期再次表现为较大且显著的正向效应,在第 4 期后逐渐趋于零。方差

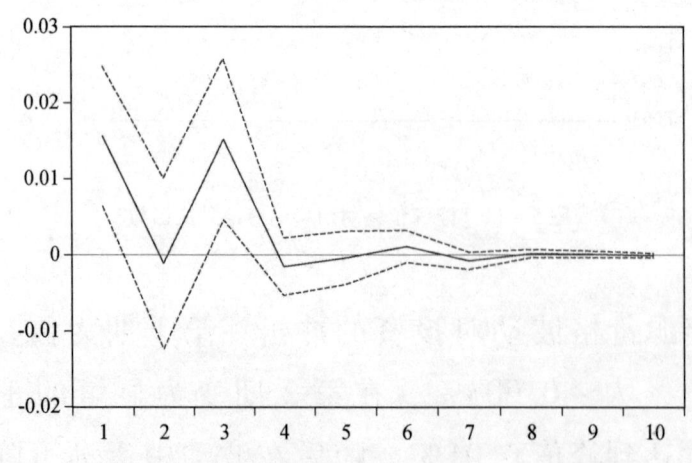

图 5-13 能源价格对对外贸易的脉冲效应函数

分解结果表明，能源价格对对外贸易的方差贡献率相对较大，在第 1 期为 6.314%，但在第 2 期经历了小幅下降后，在第 3 期再次上升，并在第 6 期后稳定在 8.396%。

表 5-5　　　　消费、投资和对外贸易的预测方差分解（%）

预测时期	消费 D(LEP_SA)	消费 D(LCON)	投资 D(LEP_SA)	投资 D(LINV_SA)	对外贸易 D(LEP_SA)	对外贸易 D(LTRAD)
1	0.849	99.151	0.289	99.711	6.314	93.686
2	0.859	99.141	2.741	97.259	4.581	95.419
3	2.178	97.822	2.642	97.358	8.392	91.608
4	2.455	97.545	2.741	97.259	8.423	91.577
5	2.677	97.323	2.736	97.264	8.389	91.611
6	2.719	97.281	2.742	97.258	8.396	91.604
7	2.742	97.258	2.742	97.258	8.406	91.594
8	2.747	97.253	2.742	97.258	8.406	91.594
9	2.749	97.251	2.742	97.258	8.406	91.594
10	2.750	97.250	2.742	97.258	8.406	91.594

（三）能源价格波动对产业产出的影响

本节通过最新的投入产出表，来构建社会核算矩阵，并建立了 CGE 模型来定量模拟能源价格波动对各产业产出的影响。鉴于不同能源的市场化程度和受国外能源价格的影响不同，本节在设定闭合规则及模拟煤炭价格和电力价格对宏观经济的影响时，考虑的是国内价格，分别将煤炭价格和电力价格内生处理，而在模拟石油价格的影响时，使用的是国际原油价格。此外，由于天然气在能源中的占比非常小，本节未考虑天然气价格的影响。

1. CGE 模型的简要介绍

本节构建的 CGE 模型以 ORANIG 模型为基础，根据研究需要对该模型的基础模型进行了修改。该模型主要包括生产、收入和支出模块，动态递归模块（静态 CGE 模型不涉及该模块）以及其他模块。进行的主要修改内容包括：增加了能源模块，将能源投入作为生产要素。图 5-14 为 CGE 模型结构的示意。下面简要介绍各模块的主要内容。

（1）生产模块

整体而言，此动态 CGE 模型的生产函数由三层嵌套的 CES 函数组成，生产函数由三层嵌套的恒替代弹性（CES）结构组成。顶层由中间投入、增加值与能源投入构成。中间投入中的各个产品被认为是相互之间不可替代的，故通过列昂惕夫（Leontief）函数复合而成。增加值部分由劳动与资本通过 CES 函数组成。能源模块分为化石能源与非化石能源（电力），通过 CGE 函数复合而成，化石能源又进一步分为煤炭、石

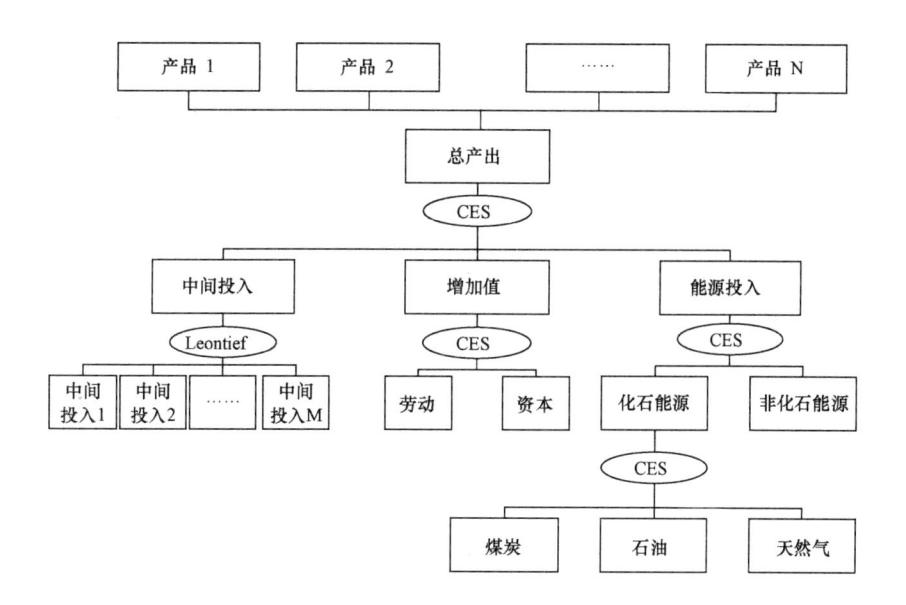

图 5-14 CGE 模型结构示意

油和天然气，由 CES 函数复合而成。与传统 CGE 模型不同的是，本节未将能源作为中间投入的一部分。CGE 模型的生产函数形式如下：

$$XT_{j,t} = B_j^{XT}[\beta_j^{CI} \cdot CI_{j,t}^{-\rho_j^{XT}} + \beta_j^{VA} \cdot VA_{j,t}^{-\rho_j^{XT}} + (1 - \beta_j^{CI} - \beta_j^{VA}) \cdot EC_{j,t}^{-\rho_j^{XT}}]^{-1/\rho_j^{XT}}$$

$$VA_{j,t} = B_j^{VA}(\beta_j^L \cdot LAB_{j,t}^{-\rho_j^{VA}} + \beta_j^K \cdot CAP_{j,t}^{-\rho_j^{VA}})^{-1/\rho_j^{VA}}$$

$$EC_{j,t} = B_j^{EC}(\beta_j^F \cdot FOS_{j,t}^{-\rho_j^{EC}} + \beta_j^{EL} \cdot ELE_{j,t}^{-\rho_j^{EC}})^{-1/\rho_j^{EC}}$$

$$FOS_{j,t} = B_j^F[\beta_j^{COA} \cdot COA_{j,t}^{-\rho_j^F} + \beta_j^{OIL} \cdot OIL_{j,t}^{-\rho_j^F} + (1 - \beta_j^{COA} - \beta_j^{OIL}) \cdot GAS_{j,t}^{-\rho_j^F}]^{1-/\rho_j^F}$$

其中，$XT_{j,t}$ 表示部门 j 在 t 时期的总产出，$CI_{j,t}$、$VA_{j,t}$ 和 $EC_{j,t}$ 分别表示中间投入、增加值以及能源投入模块。$LAB_{j,t}$ 和 $CAP_{j,t}$ 分别指劳动和资本。$FOS_{j,t}$，

$ELE_{j,t}$, $COA_{j,t}$, $OIL_{j,t}$ 和 $GAS_{j,t}$ 分别是化石能源、电力、煤炭、石油和天然气。B_j 是规模参数，β_j 是份额参数，ρ_j 是弹性参数。

（2）消费模块

该 CGE 模型主要包括四类经济主体，即消费者（居民）、生产者（企业）和政府以及省外。其中，居民的收入来源有劳动收入、资本收入以及政府的转移支付，部分用于支付个人所得税，其余用于储蓄。企业的收入由资本收入以及政府的转移支付构成，其中部分收入用于支付所得税和部分转让给居民，其余的分配给储蓄。政府的收入来源为各种税收的总和，例如居民与企业的所得税、间接税以及环境税等，所得的收入部分用于分别支付居民和企业的转移支付，其余部分用作储蓄。对于居民的需求方面，通过 Stone-Geary 效用函数来刻画。该效用函数描述的是在收入一定的约束条件下，居民如何通过分配可支配收入以实现效用最大化。居民的可支配收入总额是居民总收入扣除了个人所得税后的部分，分为两部分，一部分用于保障最低基本生活需求，其余部分在产品间进行分配。

（3）贸易模块

国内贸易的商品主要来源于两个渠道，分别是本国生产与进口，同样用 CES 函数进行描述。由于本国生产的商品用于国内销售和出口，如果出口需求对国内产品的价格变动敏感性较强，那么当国内产品价格相对于世界价格上涨时，出口需求会降低。

（4）闭合模块

CGE 中的宏观闭合是依据宏观经济理论，设定哪些变量和参数为内生，哪些变量和参数是外生的。根据不同模型的设定，闭合规则也有所不同。其中在煤炭价格变动对产业影响的静态 CGE 模型中，采用短期闭合的规则，设定的外生变量包括国内煤炭价格、资本存量、实际工资等。而在模拟石油价格对宏观经济的冲击时，考虑到国内石油还未实现市场化，主要借鉴国际原油价格进行定价，因此考察国际原油价格波动对宏观经济的影响，闭合规则将煤炭价格内生，国际石油价格外生。

2. 数据与情景设定

本节的初始数据来源为包含 42 个产业部门的中国 2012 年投入产出表，根据此表，构建基于全国层面的社会核算矩阵，其余数据来源于《中国统计年鉴》《中国财政年鉴》等。根据研究需要，我们将 42 个产业部门最终合并成 14 个产业部门，分别为农业、煤炭、石油、食品与烟草制品业、纺织与皮革制造业、炼焦与石油加工业、化学工业、非金属矿物制造业、金属产品制造业、机械制造业、建筑业、开采业、电力、服务业 14 个产业部门。本部分使用 GEMPACK 软件进行求解。

关于情景设定，在静态 CGE 模型中，设定煤炭价格分别增长 5%、10%、20% 和分别下降 5%、10%、20% 六种情景。对石油和电力的 CGE 模型同样设定分别增长 5%、10%、20% 和分别下降 5%、10%、20% 六种情景。

3. 模拟结果

（1）煤炭价格波动对产业的影响

表 5-6 是煤炭价格分别下降和上涨 5%、10%、20% 对各产业部门产出的影响。不难发现，首先，煤炭价格上涨促使自身产出增加较多，例如在煤炭价格上涨 10% 的情境下，煤炭业产出增长 22.083%，但对其余产业的产出均产生了负向冲击，尤其是以煤炭为原材料的开采业、化学工业、非金属矿物制造业等受到的负面冲击较大。在煤炭价格上涨 10% 的情景下，开采业、化学工业、非金属矿物制造业的产出分别下降 1.267%、1.072%、0.793%。其次，煤炭价格上涨的幅度越大，各部门产出受到的负向冲击效应呈非线性特征逐渐加大。以化学工业为例，在煤炭价格分别上涨 5%、10%、20% 的情景下，化学工业产出分别下

降 0.549%、1.072%、2.047%。建筑业与服务业受到的影响较小。整体来看,煤炭价格对制造业的负向效应大于其他产业。此外,对于煤炭业,在煤炭价格上涨和下降的不同情景下,可以发现煤炭价格上涨和下降呈现明显的非对称性,例如在煤炭价格波动20%的情景下,煤炭价格上涨的正向效应(42.598%)小于煤炭价格下降的负面效应(-49.253%)。

表 5-6　　　　煤炭价格波动对各产业产出的影响(%)

产业	下降 5%	下降 10%	下降 20%	上涨 5%	上涨 10%	上涨 20%
农业	0.243	0.498	1.048	-0.232	-0.455	-0.874
煤炭	-11.673	-23.776	-49.253	11.247	22.083	42.598
石油	0.146	0.299	0.621	-0.141	-0.277	-0.536
开采业	0.679	1.394	2.944	-0.648	-1.267	-2.427
食品与烟草制品业	0.159	0.326	0.688	-0.152	-0.296	-0.568
纺织与皮革制造业	0.464	0.953	2.012	-0.442	-0.865	-1.655
炼焦与石油加工业	0.382	0.790	1.694	-0.360	-0.700	-1.328
化学工业	0.579	1.190	2.526	-0.549	-1.072	-2.047
非金属矿物制造业	0.430	0.885	1.884	-0.407	-0.793	-1.510
金属产品制造业	0.405	0.834	1.773	-0.385	-0.750	-1.433
机械制造业	0.445	0.911	1.917	-0.425	-0.833	-1.599
电力	0.205	0.444	1.045	-0.175	-0.323	-0.548
建筑业	0.014	0.028	0.060	-0.013	-0.025	-0.047
服务业	0.101	0.208	0.445	-0.095	-0.186	-0.354

煤炭价格波动对各产业的就业也会产生显著的影

响。整体来看，如表5-7所示，煤炭价格上涨有利于增加煤炭自身行业以及以煤炭为中间投入品的行业的就业，例如非金属矿物制造业、金属产品制造业以及电力部门，在煤炭价格上涨10%的情景下，非金属矿物制造业、金属产品制造业以及电力部门的就业分别增加0.347%、0.260%、2.524%，这看起来似乎不符合常理，因为煤炭价格上涨导致企业的生产成本增加，进而会降低就业。一个可能的解释是，中国某些制造业部门对劳动力的依赖程度较高，煤炭价格上涨造成这些部门中的劳动力对煤炭的替代效应逐渐占据主导地位，最终引起这些部门的劳动力需求不降反升。煤价上涨对农业和服务业的就业也产生了一定的挤压效应，在价格上涨10%的情景下，农业和服务业的就业分别减少0.446%和0.273%。在就业上，煤价波动同样存在显著的非对称性，对于其他产业来说，煤炭价格上涨的就业效应小于煤炭价格下降产生的影响。

表5-7　煤炭价格波动对各产业就业的影响（%）

产业	价格波动					
	下降			上涨		
	5%	10%	20%	5%	10%	20%
农业	0.238	0.488	1.028	-0.228	-0.446	-0.874
煤炭	-16.683	-32.516	-61.096	17.440	35.555	42.597
石油	0.143	0.289	0.591	-0.139	-0.274	-0.536
开采业	0.697	1.433	3.039	-0.662	-1.293	-2.427

续表

产业	价格波动						
	下降			上涨		
	5%	10%	20%	5%	10%	20%
食品与烟草制品业	0.176	0.362	0.768	-0.167	-0.326	-0.568
纺织与皮革制造业	0.555	1.140	2.417	-0.526	-1.027	-1.655
炼焦与石油加工业	0.230	0.468	0.973	-0.222	-0.436	-1.328
化学工业	0.228	0.469	0.993	-0.217	-0.425	-2.047
非金属矿物制造业	-0.181	-0.368	-0.761	0.176	0.347	-1.510
金属产品制造业	-0.136	-0.276	-0.566	0.132	0.260	-1.433
机械制造业	0.690	1.417	2.995	-0.657	-1.284	-1.599
电力	-1.297	-2.621	-5.360	1.273	2.524	-0.548
建筑业	-0.057	-0.115	-0.239	0.055	0.108	-0.047
服务业	0.149	0.308	0.664	-0.140	-0.273	-0.354

就生成成本而言，煤价波动对各部门的影响各异。表5-8给出了煤价分别上涨和下降5%、10%、20%对其他产业单位成本的影响结果。煤炭价格下降，会降低各部门的生产成本，而煤炭价格上升，会造成各部门的生产成本增加，而且随着煤价上涨幅度增加，各产业部门的生产成本随之增加。换言之，煤价波动与各产业部门的成本呈正相关关系。分部门来看，煤价波动对电力部门的成本效应最大，这是因为当前中国电力生产仍旧以燃煤发电为主，电力对煤炭的依赖程度较高，因此，煤炭价格上涨对电力的生产成本影响较大。例如在煤价分别上涨5%、10%、20%的情景下，电力的单位生产成本分别提高了1.768%、

3.496%、6.842%。此外，煤价上涨对各制造业成本的上涨整体上高于其他部门，例如非金属矿物制造业、化学工业和炼焦与石油加工业等。

表 5-8　煤炭价格波动对其他产业单位生产成本的影响（%）

产业	价格波动 下降 5%	10%	20%	上涨 5%	10%	20%
农业	-0.391	-0.796	-1.650	0.378	0.744	1.443
煤炭	-5.000	-10.000	-20.000	5.000	10.000	20.000
石油	-0.375	-0.764	-1.593	0.361	0.710	1.374
开采业	-0.368	-0.749	-1.547	0.357	0.704	1.369
食品与烟草制品业	-0.366	-0.744	-1.541	0.354	0.697	1.353
纺织与皮革制造业	-0.351	-0.714	-1.477	0.340	0.670	1.302
炼焦与石油加工业	-0.546	-1.121	-2.367	0.521	1.019	1.952
化学工业	-0.542	-1.105	-2.299	0.523	1.029	1.993
非金属矿物制造业	-0.659	-1.341	-2.780	0.638	1.256	2.438
金属产品制造业	-0.583	-1.185	-2.458	0.564	1.110	2.153
机械制造业	-0.313	-0.637	-1.318	0.304	0.598	1.162
电力	-1.812	-3.670	-7.546	1.768	3.496	6.842
建筑业	-0.486	-0.989	-2.051	0.470	0.926	1.796
服务业	-0.340	-0.691	-1.426	0.330	0.650	1.263

（2）石油价格波动对产业的影响

石油作为当今世界上最重要的能源原料，涉及的产业较广。理所应当地处于诸多行业的上游，且涉及的下游产业链繁复成网，影响深远。从国际原油价格波动的影响来看，除了石油部门本身和煤炭部门外，其余产业的实际产出均受到了负面影响,并且油价上涨的幅度越大,各产业产出的降幅越大。煤炭作为石油的替代品,这种替代作用表现在油价上涨促使煤炭业扩大生产,但由于当前中国的煤炭处于过剩状态,油价上涨对于煤炭产量的促增效应并不大。其中,炼焦与石油加工业受到的冲击最大,在油价分别上涨5%、10%、20%的情景下,该部门的实际产出分别变动-1.081%、-2.096%、-3.960%。油价上涨增加了企业的生产成本,可以直接传导至其下游的炼焦与石油加工业。其余的制造业部门受到的影响也较大,例如化学工业、金属产品制造业等以石油为原料的高耗能产业以及同样以石油为基础原料的纺织与皮革制造业。此外,油价上涨也导致服务业受到一定的负面冲击,这是因为以石油为主要能源的交通运输业在服务业中所占的比重较大。

表5-9　　　　油价波动对各产业产出的影响(%)

产业	价格波动					
	下降			上涨		
	5%	10%	20%	5%	10%	20%
农业	0.209	0.427	0.896	-0.200	-0.392	-0.753
煤炭	-0.104	-0.216	-0.464	0.098	0.190	0.358
石油	-1.454	-3.007	-6.466	1.364	2.647	4.999
开采业	0.461	0.943	1.971	-0.443	-0.869	-1.675
食品与烟草制品业	0.132	0.271	0.569	-0.127	-0.248	-0.477

续表

产业	价格波动					
	下降			上涨		
	5%	10%	20%	5%	10%	20%
纺织与皮革制造业	0.335	0.685	1.440	-0.320	-0.627	-1.204
炼焦与石油加工业	1.156	2.400	5.217	-1.081	-2.096	-3.960
化学工业	0.544	1.115	2.354	-0.518	-1.013	-1.939
非金属矿物制造业	0.282	0.579	1.219	-0.270	-0.527	-1.011
金属产品制造业	0.325	0.664	1.392	-0.311	-0.609	-1.171
机械制造业	0.301	0.616	1.291	-0.289	-0.566	-1.088
电力	0.318	0.653	1.380	-0.303	-0.592	-1.133
建筑业	0.015	0.030	0.064	-0.014	-0.028	-0.053
服务业	0.154	0.315	0.661	-0.148	-0.289	-0.556

从各部门就业的情况来看，油价上涨在整体上有利于石油自身部门、煤炭部门和炼焦与石油加工业就业的增加，在油价分别上涨5%、10%、20%的情景下，石油部门的就业分别增长4.159%、8.211%、16.006%，炼焦与石油加工业的就业分别增加1.115%、2.177%、4.154%。就业受到较大冲击的部门有开采业、化学工业、机械制造业、纺织与皮革制造业，在油价上涨10%的情景下，四个部门的就业量分别减少1.296%、1.242%、1.010%、1.005%。电力作为石油的替代品，在油价上涨的情景下，该部门的就业也受到了一定的负向冲击。

表 5-10　　　　　　　　油价波动对各产业就业的影响（%）

产业	价格波动					
	下降			上涨		
	5%	10%	20%	5%	10%	20%
农业	0.215	0.441	0.924	-0.206	-0.404	-0.778
煤炭	-0.172	-0.356	-0.763	0.162	0.313	0.591
石油	-4.272	-8.661	-17.807	4.159	8.211	16.006
开采业	0.690	1.410	2.952	-0.661	-1.296	-2.493
食品与烟草制品业	0.268	0.548	1.152	-0.256	-0.501	-0.963
纺织与皮革制造业	0.538	1.103	2.323	-0.514	-1.005	-1.926
炼焦与石油加工业	-1.169	-2.395	-5.024	1.115	2.177	4.154
化学工业	0.663	1.356	2.845	-0.634	-1.242	-2.385
非金属矿物制造业	0.389	0.798	1.678	-0.372	-0.728	-1.397
金属产品制造业	0.528	1.080	2.266	-0.506	-0.990	-1.903
机械制造业	0.539	1.104	2.321	-0.516	-1.010	-1.938
电力	0.133	0.267	0.540	-0.131	-0.259	-0.510
建筑业	0.008	0.017	0.034	-0.008	-0.016	-0.031
服务业	0.287	0.587	1.232	-0.274	-0.537	-1.031

从表5-11可以看出，在油价上涨的情况下，所有部门特别是工业制造业的生产成本均出现上升，且随着油价上涨幅度增加，各部门的单位生产成本呈现非线性的逐步提高。其中，与石油紧密相关的炼焦与石油加工业的生产成本受到的影响最大，在油价分别上涨5%、10%、20%的情景下，炼焦与石油加工业的单位生产成本分别增加2.680%、5.293%、10.333%。同时，除了制造业部门外，农业部门的生产成本增幅也较大。

表 5-11　油价波动对其他产业生产成本的影响（%）

产业	价格波动 下降 5%	10%	20%	上涨 5%	10%	20%
农业	-0.318	-0.648	-1.350	0.307	0.602	1.164
煤炭	-0.340	-0.695	-1.453	0.327	0.642	1.237
开采业	-0.264	-0.538	-1.120	0.254	0.500	0.967
食品与烟草制品业	-0.245	-0.500	-1.042	0.237	0.465	0.899
纺织与皮革制造业	-0.206	-0.419	-0.872	0.198	0.390	0.754
炼焦与石油加工业	-2.750	-5.573	-11.459	2.680	5.293	10.333
化学工业	-0.474	-0.966	-2.013	0.457	0.898	1.737
非金属矿物制造业	-0.325	-0.662	-1.378	0.313	0.616	1.192
金属产品制造业	-0.283	-0.577	-1.198	0.273	0.538	1.041
机械制造业	-0.176	-0.359	-0.747	0.170	0.334	0.646
电力	-0.533	-1.092	-2.294	0.510	0.999	1.920
建筑业	-0.307	-0.626	-1.303	0.297	0.583	1.128
服务业	-0.254	-0.518	-1.075	0.246	0.483	0.936

（3）电力价格波动对产业的影响

表 5-12 列出了电价上涨或下降对各部门产出的影响。电价上涨会促进其自身部门产出和煤炭部门产出的增长，在电价分别上涨 5%、10%、20% 的情景下，煤炭部门的产出分别增长 31.381%、61.372%、117.125%，远远高于电价引起自身部门产出的增幅，原因在于中国电价生产以煤电为主，煤电联动的机制使得电力对煤炭的依赖程度较高。就其他产业而言，电价上涨对各制造业部门的产出影响较大，主要包括

开采业、化学工业、纺织与皮革制造业、机械制造业以及非金属矿物制造业等。综上来说,电价上涨带动了电力部门一系列下游产业如制造业、服务业等相关部门产出的下降,对高耗能制造业的促降效应明显,有利于中国推进产业结构的优化调整。

表5-12　　　　电力价格波动对各产业产出的影响(%)

产业	价格波动 下降 5%	下降 10%	下降 20%	上涨 5%	上涨 10%	上涨 20%
农业	0.684	1.410	2.984	-0.645	-1.255	-2.382
煤炭	-32.489	-65.079	-99.797	31.381	61.372	117.125
石油	0.408	0.829	1.656	-0.394	-0.774	-1.486
开采业	1.916	3.973	8.704	-1.794	-3.481	-6.575
食品与烟草制品业	0.448	0.928	2.009	-0.420	-0.815	-1.539
纺织与皮革制造业	1.310	2.714	5.800	-1.224	-2.370	-4.458
炼焦与石油加工业	1.091	2.313	5.486	-0.987	-1.886	-3.468
化学工业	1.639	3.421	7.603	-1.516	-2.925	-5.470
非金属矿物制造业	1.220	2.555	5.682	-1.120	-2.153	-3.999
金属产品制造业	1.148	2.406	5.604	-1.061	-2.049	-3.840
机械制造业	1.251	2.578	5.410	-1.181	-2.296	-4.353
电力	-0.634	-1.508	-4.486	0.434	0.694	0.774
建筑业	0.039	0.082	0.196	-0.035	-0.067	-0.124
服务业	0.287	0.607	1.511	-0.263	-0.506	-0.942

从就业来看,与产出的模拟结果类似,电价上涨对煤炭部门的就业促增效应最大,在电价分别上涨5%、10%、20%的情景下,煤炭部门的就业分别增加

52.162%、112.817%、257.650%,促进本部门的就业分别增长 3.618%、7.298%、14.861%。其次,电价上涨有利于非金属矿物制造业和金属产品制造业就业的增长,在 10% 的电价增长情景下,两个部门的就业分别增长 0.983%、0.730%。

表 5-13　　　电力价格波动对各产业就业的影响(%)

产业	价格波动 下降 5%	下降 10%	下降 20%	上涨 5%	上涨 10%	上涨 20%
农业	0.671	1.384	2.926	-0.632	-1.229	-2.330
煤炭	-43.010	-75.900	-99.898	52.162	112.817	257.650
石油	0.394	0.776	1.283	-0.391	-0.772	-1.490
开采业	1.972	4.112	9.107	-1.829	-3.533	-6.620
食品与烟草制品业	0.498	1.039	2.260	-0.461	-0.888	-1.655
纺织与皮革制造业	1.570	3.267	6.980	-1.452	-2.799	-5.215
炼焦与石油加工业	0.640	1.300	2.700	-0.620	-1.220	-2.360
化学工业	0.646	1.342	2.887	-0.601	-1.163	-2.189
非金属矿物制造业	-0.503	-1.014	-2.190	0.496	0.983	1.931
金属产品制造业	-0.375	-0.742	-1.115	0.370	0.730	1.412
机械制造业	1.949	4.038	8.529	-1.817	-3.513	-6.587
电力	-3.564	-7.081	-13.966	3.618	7.298	14.861
建筑业	-0.157	-0.318	-0.648	0.154	0.304	0.596
服务业	0.427	0.911	2.364	-0.384	-0.735	-1.353

从生产成本来看,整体而言,电价上涨将导致所有部门的单位生产成本增加,电价下降会降低所有部门的生产成本(见表 5-14)。其中,电价上涨对煤炭

行业的生产成本冲击最大,在10%的电价增长情景下,煤炭部门的生产成本增加幅度接近30%。电价上涨使得以电力作为生产原料的一些制造业的生产成本大幅提升。例如非金属矿物制造业、化学工业、炼焦与石油加工业,在10%的电价上涨情景下,三个产业的生产成本分别提高3.536%、2.884%、2.799%。此外,也应注意到,电价上涨对建筑业和农业的成本上升也不容小觑。综合来说,电价上涨直接导致高耗能制造业的成本上升,有利于结构优化。

表5-14　　电力价格波动对其他产业生产成本的影响(%)

产业	价格波动					
	下降			上涨		
	5%	10%	20%	5%	10%	20%
农业	-1.087	-2.196	-4.257	1.060	2.091	4.070
煤炭	-13.496	-26.047	-48.689	14.443	29.819	63.305
石油	-1.046	-2.128	-4.316	1.010	1.988	3.860
开采业	-1.022	-2.054	-3.941	1.004	1.988	3.896
食品与烟草制品业	-1.016	-2.049	-3.940	0.993	1.961	3.825
纺织与皮革制造业	-0.975	-1.962	-3.789	0.955	1.890	3.697
炼焦与石油加工业	-1.541	-3.191	-6.855	1.443	2.799	5.285
化学工业	-1.512	-3.068	-6.189	1.465	2.884	5.595
非金属矿物制造业	-1.832	-3.703	-7.445	1.789	3.536	6.906
金属产品制造业	-1.620	-3.272	-6.477	1.581	3.122	6.090
机械制造业	-0.870	-1.751	-3.372	0.853	1.686	3.297
建筑业	-1.352	-2.731	-5.376	1.319	2.603	5.075
服务业	-0.942	-1.890	-3.473	0.927	1.834	3.588

4. 煤炭、石油、电力价格影响的总结与比较

由于不同能源与各产业的关联度不同，不同能源品种价格变动对各产业的影响各异。首先，能源价格上涨，除了有利于自身部门外，对于其他部门而言是紧缩的，这种抑制作用反映在其他部门的产出下降上，并且随着能源价格上涨幅度的增大，这种实际产出效应会逐渐被放大。其次，从具体能源品种的对比来看，不同产业受到的影响不同，例如对于服务业而言，电价波动对服务业的影响要大于煤价与油价波动。换言之，电价降低对服务业的促进效应更加明显，例如在能源价格降低20%的情景下，电价、油价和煤价对服务业产出的效应分别为1.511%、0.661%、0.445%。对比煤价与油价波动的结果，在制造业内部，除了炼焦与石油加工业外，煤价波动对其余制造业的影响要大于油价波动。整体而言，能源价格上涨有利于推进中国产业结构优化。此外，从同一种能源波动的内部来看，能源价格波动呈现出明显的非对称性，能源价格上涨引起的紧缩效应小于能源价格下降引发的扩张效应。

当前，在中国经济低碳绿色转型和能源价格体制改革不断深化的背景下，尤其是中国面临着煤炭产能过剩的严峻局面，这既是市场问题，也是政府问题，继续让能源价格发挥在市场中的基础配置性作用，让能源价格充分反映资源的稀缺成本变得十分重要，不但有利于能源革命的推进，而且有助于产业结构优化调整。

六　能源转型的成本及风险分析

（一）中国能源转型及其问题

能源转型，是指能源生产和消费结构发生根本性的改变，并对一国社会经济发展乃至全球地缘政治格局产生深刻影响。回顾世界能源转型历史，至今人类已经历了两次能源转型，第一次是以第一次工业革命为背景，由生物质（如秸秆、木柴等）向煤炭的转型，1910年左右的前50年内，煤炭在世界总能源结构中的比重约每年增长8%，到1910年该比重接近60%，此后煤炭比重呈下降趋势，幅度为每年3%—4%；第二次能源转型可分为两个阶段，前半段表现为石油对煤炭的替代，在以石油驱动内燃机车为核心技术的第二次工业革命背景下，汽车、飞机逐渐普及全球，1980年左右的前30年内，世界石油比重不断提高，至1980年，其比重已接近40%，已超越煤炭成为当时的第一大能源,此后受石油危机影响,其比重开始下降。第二次能源转型进入后半段,表现为天然气以及核电的应用增加,到2000年,核电与天然气的份额约占世界总能源消费的30%,至2014年,仍维持在约30%。当前,中国已走入能源转型的"十字路口",而与此同时,未来十年也是中国经济发展重要的十年,是实现工业化以及"两个百年"目标的关键期,也是能否跨越"中等收入陷阱"的重要阶段。中国能源转型主要面临以下两个问题。

第一,需要跨越式地实现能源结构的演进与优化。总体上看,发达国家在完成工业化的过程中,也实现了由煤炭到油气的能源结构转化升级。目前中国的工业化进程已进入中后期阶段,但是能源结构的优化滞后于工业化进程,以煤为主的能源结构长期没有得到改变。与其他国家相比,中国能源转型从能源结构上看,要发生迭代性的变化,即中国的能源结构不可能像西方国家那样,顺序地完成由煤炭到油气,由油气再到可再生能源的变化,而是要实现迭代式的发展。有两种可能的方式:一是中国的油气消费比重和可再生能源将同步快速增长,这是由于以油气为动力和燃料的产业发展尚未实现动力系统的变革,油气仍然无法被替代,但是可再生能源发电与煤电相比,具有较大的替代性和市场竞争力,煤电市场逐步被可再生能源发电替代。二是煤炭和油气比重同时下降，能源结构跨越油气阶段直接进入以可再生能源为重要能源的阶段。近年来，中国第二种能源结构的迭代性变化已经非常明显，在规模上，中国的风电装机与火电装机位居世界第一位。然而，从能源结构来看，中国非化石能源占一次能源消费比重较低，2017年为13%，低于世界平均水平20%，低于德国22%。而煤炭消费比重仍然高达60%，发达国家这一比重平均只有20%左右，世界平均水平（不含水电）也只有30%。2017年中国可再生能源发电占比不足10%，远远落后于欧盟，甚至低于世界平均水平，中国能源结构的优化任重道远。

第二，提高能源效率是中国能源转型的重要内容。中国能源转型除了要解决中国能源结构高碳化外，还有重要的一点是解决能源利用低效化的问题。按照世界平均能效水平计算，中国目前能源消费量可以生产出比现实多出1倍的GDP；以美国的能源效率计算，可以生产3倍多的GDP；以日本、英国的能源效率计，则可以生产出6—8倍的GDP。因此，在现有能源结构下，提高能源效率可以有效地解决温室气体排放和环境问题。提高能效与发展清洁可再生能源是异曲同工。

(二) 能源转型面临的经济成本制约

1. 能源投入回报值（EROI）：一个涉及经济增长的指标分析

现有的经济模型并不能为制定能源战略提供充分的信息，因为这些纯经济方法往往没有从能源对经济发展的制约视角进行分析。能源投入回报（Energy Return on Investment，EROI）是一个能够综合考虑能源、经济和环境因素，并且在宏观层面和微观层面均适用的能源经济分析指数。目前，该指标在国外能源经济的研究中已较为普及，但国内的研究仍处于起步阶段。EROI 是指能源生产过程中能源产出和能源消耗的比值，能源消耗不仅仅包括能源的基本原材料，还包括物质输入（如水、土地、钢铁制品等）以及资本输入（如投入的劳动力等，可以用货币价值与能源强度系数进行折算），目前已存在很多种改进的计算方法。其基本计算公式为：

$$EROI_t = \frac{\sum_{i=1}^{n} E_{it}^o}{\sum_{i=1}^{n} E_{it}^C}$$

其中，E_{it}^o 表示能源产出的热当量值，E_{it}^C 表示能源消耗的热当量值。因此，也可以将 EROI 看作一个"净能源"值。EROI 方法同时计算了能源产出和能源投入，既能够评价能源生产的效率和价值，还能得出为社会提供的真正能源量，即净能源量，而非总产量。图 6-1 展示了不同能源的 EROI 比较情况。虽然每种能源的精确 EROI 均存在不确定性，但可以从该图中看出大致趋势。可以看到，太阳能光伏、生物质能的 EROI 低于经济可行门槛，而核能的 EROI 远高于其他能源技术，甚至高于传统的化石能源。

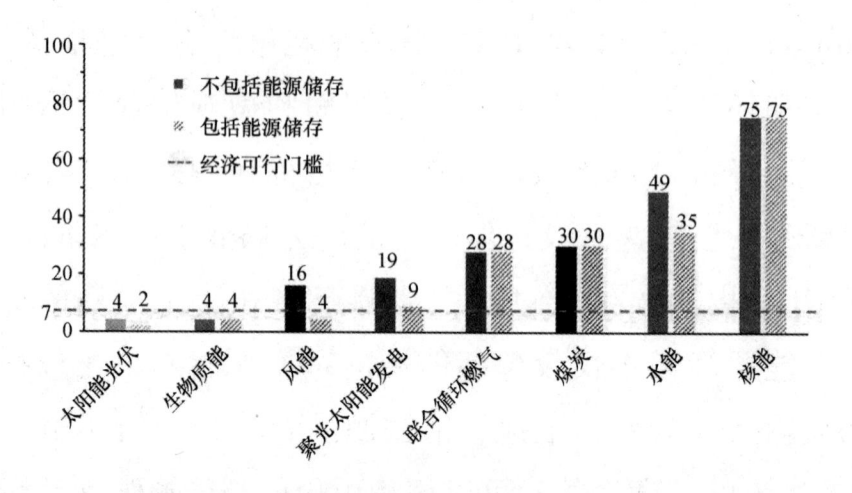

图 6-1 化石能源、核能与可再生能源的能源投入回报（EROI）

注：EROI 为相对于盈亏平衡值 1 进行计算得到。

EROI 是在能源选择过程中值得关注的一个指标，其对经济增长的重要意义也已经得到认可与讨论。如果替代能源本身 EROI 水平较低或者呈现下降趋势，不仅意味着能源质量的降低、能源生产成本的提高，更意味着供给经济系统净能源量的大幅度减少，这将会对未来经济的增长速度产生冲击。就可再生能源而言，虽然已成为经济增长的重要引擎，其较低的 EROI 也在一定程度上意味着对经济增长的拉动作用可能有限。随着可再生能源技术的提高，其 EROI 可能得到一定的提升，但就能源本身的物理性质来说，提升空间有限，很难企及核能的水平。因此，对大力发展可再生能源的国家而言，EROI 是一个值得考量的重要指标，必须同时估计其对未来经济可能产生的冲击。

2. 发电成本

可再生能源开发与利用的关键因素之一是经济性，包括两个核心指标：发电成本和装机容量。这里因主要与核能进行比较，因此不考虑装机容量问题。从国际能源转型历史经验看，面对可再生能源带来的竞争，"旧有能源"会大幅降低价格与"新能源"竞争，以便维持其在能源市场上原有的"主导地位"。因此，低碳能源和技术转型的威胁将带来化石燃料供应公司的应对反应，这意味着它们将变得越来越具有竞争力，更难以更换。而且，鉴于化石能源公司在全球经济中的重要性，它们的反应可能在能源转型史上呈现前所未有的规模，这仍是可再生能源发展面临的一大重要挑战。

图 6-2 给出了各类能源技术的发电成本，该结果

来自德意志银行的估计数据，比较最低发电成本，核电要高于部分可再生能源，如太阳能（公用事业）、风能（陆地）、水电等，而从最高发电成本看，大部分可再生能源发电技术成本要远高于核电成本，如太阳能（居民）、聚光太阳能发电、海洋能发电，最高发电成本分别可达 25 美分/kWh、25 美分/kWh、24.5 美分/kWh，而核电仅为 12.6 美分/kWh。整体而言，就可再生能源来说，其发电成本在绝大多数国家仍未实现技术经济可行性，仍需要大量的补贴，而核能从平均成本看已具有较大竞争力。

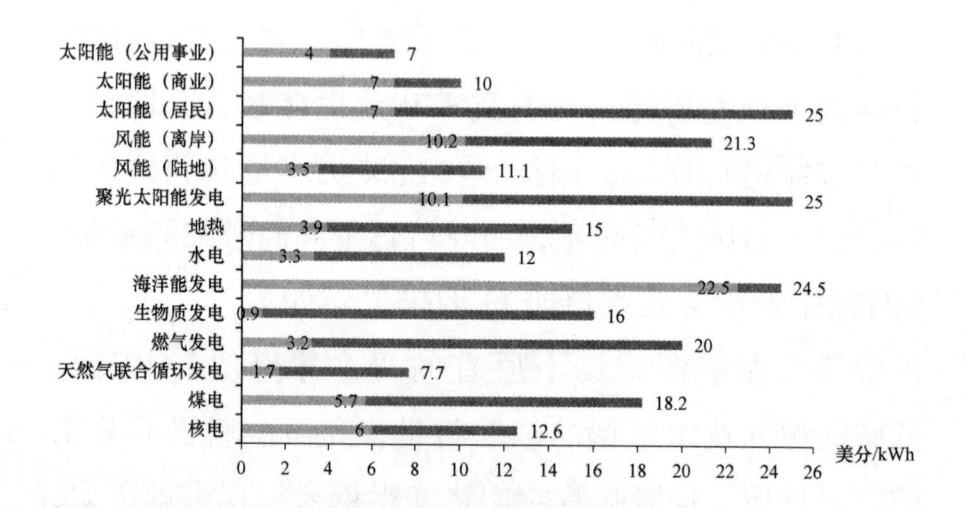

类型	最低	最高
太阳能（公用事业）	4	7
太阳能（商业）	7	10
太阳能（居民）	7	25
风能（离岸）	10.2	21.3
风能（陆地）	3.5	11.1
聚光太阳能发电	10.1	25
地热	3.9	15
水电	3.3	12
海洋能发电	22.5	24.5
生物质发电	0.9	16
燃气发电	3.2	20
天然气联合循环发电	1.7	7.7
煤电	5.7	18.2
核电	6	12.6

图 6-2 化石能源、核能与可再生能源发电技术成本比较

资料来源：德意志银行的估计数据。

2015 年，国际能源署（IEA）与国际原子能机构（NEA）联合发布了对发电成本的估算，估算数据是以 22 国 181 套发电设备数据为基础，分 3 种现时价值换

算率（3%、7%、10%）得到各类能源2020年开始运营的发电成本。以3%的换算率计算得到（发电成本以美分/kWh为单位），2020年，天然气电（CCGT）为6.1—13.3美分/kWh，煤电为6.6—9.5美分/kWh，核电为2.9—6.4美分/kWh，家用太阳能发电为9.6—21.8美分/kWh，商用太阳能发电为6.9—14.2美分/kWh，大规模太阳能发电为5.4—18.1美分/kWh，陆上风电为3.3—13.5美分/kWh，海上风电为9.8—21.4美分/kWh，可以看到，如果按照3%的换算率进行计算，核电具有较大的成本优势，大规模太阳能发电优于家用及商用类型发电，陆上风电优于海上风电。值得注意的是，核电的成本会随着换算率的增加而上升，与煤电及天然气电相比，已不具优势，但与太阳能发电及风电相比，仍具较强优势。与OECD国家相比，中国的核电已接近成本最低值。各国地理优势及发电场所的不同，是造成可再生能源发电成本差距大的主要原因。中国的商用太阳能发电与OECD国家相比，具有较大优势，基本上是成本最低的。

国际可再生能源机构预测，2015—2025年，光伏平准化发电成本将降低59%，集中式太阳能光热平准化发电成本将降低43%，陆上风力平准化发电成本将降低26%，海上风力平准化发电成本将降低35%。虽然与核能相比，可再生能源发电技术的成本下降迅速，但仍存在的重要问题在于其发电的间歇性问题，而核能发电却具有较高的稳定性，如果储能技术得不到实质性改善，可再生能源的发展仍将受到较大制约。

（三）世界主要国家低碳转型特征及驱动因素分析

1960年以来的半个多世纪，美国、日本、英国、法国、德国等发达国家的人均GDP不断提高，年均增长率为2%—3%，至2013年，美国人均GDP接近46000美元、法国约为34000美元、其他几国处于37000—38000美元。在经济发展水平不断提高的同时，人均能源消费、人均二氧化碳排放呈现出阶段性特征。以人均二氧化碳排放为例，如图6-3所示，变化特征可分为三个阶段，第一阶段为上升期（1960—1980年），人均二氧化碳排放与人均GDP呈现同向变化，均呈上升态势；第二阶段为稳定期（1980—2005年），虽然人均GDP持续增长，但人均二氧化碳却维持在稳定水平，并未呈现大幅上升态势；第三阶段为下降期（2005年至今），尽管人均GDP不断上升，人均二氧化碳的排放呈现下降趋势。人均能源消费量也呈现同样的变动趋势。

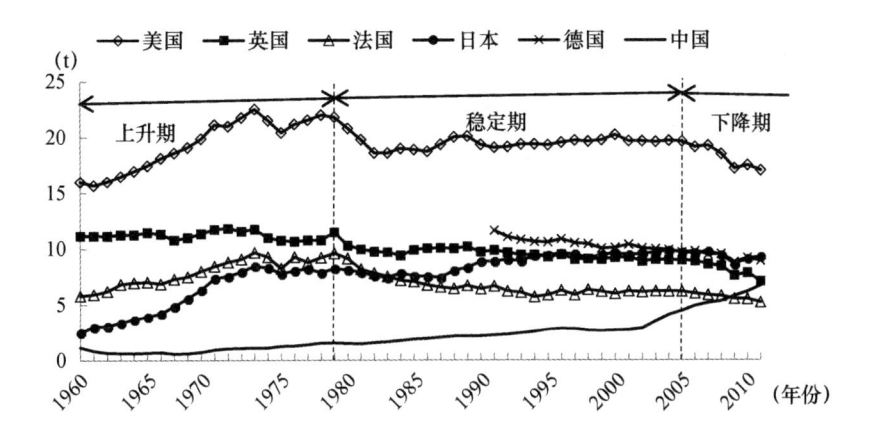

图 6-3 主要国家人均二氧化碳排放阶段划分

根据人均能源消费量或人均二氧化碳排放量，可将发达国家的能源消费变动模式总结为三种类型："美国模式""欧洲模式"和"日本模式"。其中，"美国模式"，以美国为代表（加拿大等国家也呈现出相同的特征），其人均GDP、人均能源消耗以及人均二氧化碳排放均处于较高水平；"欧洲模式"以德国、英国以及法国为代表，虽与"美国模式"的变动趋势一致，但各阶段的人均GDP、人均能源消费量以及人均二氧化碳排放水平均低于美国；"日本模式"以日本为代表，它与欧洲模式较为接近，各人均指标均处于较低水平，但其变动趋势与以上两种模式存在区别，实际上在笔者界定的"稳定期"，日本仍然呈现出较为平缓的增长趋势。各模式的具体特征可见表 6-1。

表6-1　　　　　　主要国家能源低碳转型的主要指标特征

	国别	人均CO_2(t)	人均GDP($)	产业结构	碳强度(kg/$)	比重大幅增加的清洁能源
上升期(1960—1980年)	美国	20	6192	优化水平	0.9	—
	日本	6	3228	制造业内部调整	0.4	—
	德国	—	6693	第二产业比重较高	0.7	—
稳定期(1980—2005年)	美国	19	27476	优化水平	0.6	维持稳定
	日本	9	27391	第三产业比重不断上升，第一、二产业比重下降	0.3	核能
	德国	10	22153	第三产业比重迅速上升，第二产业比重迅速下降	0.4	天然气、可再生能源
下降期(2005—2013年)	美国	18	49680	优化水平	0.4	天然气
	日本	9	39546	优化水平	0.3	核能
	德国	9	43521	优化水平	0.3	可再生能源
中国（2013年）		6	6807	第三产业比重不断上升，第一、二产业比重下降	1.8	

注：产业结构为优化水平，表示第三产业占比65%以上。
资料来源：笔者根据世界银行WDI数据库整理。

表6-1总结了以上三种模式的要素特征。综合比较各国发展模式，其中，产业结构和能源结构是决定人均碳排放的两个重要变量。从产业结构看，各国在进入稳定期的前10年（稳定期以1980年为节点），第三产业占比均达到了50%以上，美国、法国均达到了60%，日本约为55%，虽然德国此时未达到50%，但其以较快的速度实现了调整，到1975年，其第三产业结构已经接近50%。可以说，一定的产业结构基础是能源转型的必备条件，在产业结构相对优化的背景下，

各国得以成功地完成了第二次能源转型，即天然气和核能对煤炭、石油的替代。在经历约25年的稳定阶段后，各国通过不同的能源转型方式使人均二氧化碳排放呈现下降趋势。"美国模式"注重增加天然气的比重，从2005年的22%逐步增至2013年的接近30%，而"欧洲模式"则倾向于可再生能源，"日本模式"主要借力于核能的发展，在2010年福岛核事故发生以前，其核能比重正呈持续增长态势，并在近年重新启动了发展核能的计划。

根据国际经验，当前，中国产业结构中第三产业占比已接近50%，具备了能源转型的经济结构基础，是中国能源转型的有利时机。从经济发展水平上看，中国当前的人均GDP相当于各国1975—1980年的水平，具备了能源转型的经济发展水平。从经济技术水平看，中国当前的单位GDP二氧化碳排放水平却与各国存在较大差距，相当于1980年美国的2倍，日本的4倍，德国的2.5倍，除能源结构外，这从一定程度上反映了中国的能源利用效率还相对落后，是人均二氧化碳排放持续攀升的重要原因。由以上分析可以判断，中国在近5年内如果注重节能减排政策的实施以提升能源利用效率，人均二氧化碳很可能由"上升期"进入"稳定期"阶段，按照国际经验，经历25年左右的时间即进入人均二氧化碳排放的"下降期"，但随着技术水平的提高以及第三次能源转型的到来，这一时间段可能大大缩短，中国很可能在2035年甚至更早进入人均二氧化碳排放的"下降期"。此外，中国当前的产业结构变动及人均GDP增长与日本在"稳定期"（1985—1995年）的变动趋势较为接近，而当前的能源结构与日本1980年也较为接近（化石能源占比为90%，天然气占比为6%），这也又一次印证了中国目前已具备能源转型的基础，可以说，不仅是环境压力倒逼了中国的能源转型，实际上中国当前的经济发展状况也决定了中国处于能源转型的"十字路口"，而选择何种能源转型道路是当前所必须面临的重要问题。

（四）不同情景下能源转型的风险及成本分析

1. 情景设计

中国工程院课题组提出了未来能源转型的一种模式，这种模式强调化石能源，特别是煤炭、石油，到2050年仍将在中国能源消费中发挥主导作用，其指导思想是依据科学产能和用能对能源消费总量进行控制，鼓励化石能源的清洁高效利用技术（如煤基多联产能源系统技术、CCUS等），注重节能和能源利用效率的提升，本节将该情景设定为情景1，该方案与"美国模式"较为接近，但与之不同的是，由于中国的资源禀赋特性以及对能源安全的考虑，中国不可能大幅提高天然气的比重，该方案选择依靠化石能源的发展路径必须依靠煤炭的清洁高效利用技术以及能效的提升。2015年国家发展改革委能源研究所提出了高比例可再生能源的发展路线图，到2050年，可再生能源将取代化石能源成为支撑能源系统的主要能源，并将成为拉动经济的新增长点，笔者将其设定为情景2，实际上该方案是借鉴了"欧洲模式"，走可再生能源发展路径。借鉴"日本模式"，设定情景3，发展核能的能源转型路径，根据以上三种情形的设定研究其对碳减排及整个宏观经济的影响。

情景1（S1）：化石能源自身优化路径。到2025年，中国一次能源结构中，天然气占比为10%，化石能源达到75%，到2050年，实现天然气占15%，化石能源达到48%。

情景2（S2）：可再生能源路径。到2025年，中国一次能源结构中，可再生能源占比为20%，2050年，可再生能源占比达到60%。

情景3（S3）：核能路径。到2025年，中国一次能源结构中，核能占比为15%，2050年，达到40%。

2. 不同情景下能源转型的成本及风险

能源系统与经济系统是紧密联系的,经济的发展需要能源作为支撑,能源的生产和消费也受到经济的影响,二者存在动态的且互为因果的关系。本书采用动态 CGE 模型来模拟以上情景对 CO_2 排放量以及宏观经济产生的影响。结合当前经济发展特征,进一步探讨不同能源转型情景所带来的成本及风险损失。

(1) 能源转型的经济损失及"中等收入陷阱"风险

从碳减排看,三种路径均在 2025—2030 年实现峰值,其中,S2、S3 情景峰值期早于 S1,三种情景均实现了中美联合声明中 2030 年之前实现 CO_2 排放量达到峰值的承诺。然而,从对经济的影响看,S2 情景将对经济产生较大冲击,2020—2025 年被视为中国能否跨越"中等收入陷阱"的关键时期。而按照 S2 情景路径,参照世界银行公布的数据,以 2010 年现价美元计算,人均 GDP 超越 12275 美元才被视为跨入"高等收入"国家行列,至 2035 年,中国仍未"跨越"这一陷阱。菲利普等人的研究认为,一国在"上中等收入"停留超过 14 年即落入"中等收入陷阱",那么,按照 S2 情景,中国很有可能走入这一陷阱,将经过漫长的时间,经济才能够得以"修复回升"。从国际经验看，日本、德国、法国的跨越陷阱时间均发生在第二次能源转型的前半段，日本的时间段在1964—1974年，德国为1955—1971年，法国为1951—1969年，跨越"中等收入陷阱"后，经济具备了一定基础，才开始向核能、天然气转型。

对可再生能源路径进行分析，2015—2025年，政策推动下扩大可再生能源消费比重，将对整个经济产生较大冲击，短期增长效应为负。主要原因在于能源价格的上涨将对传统能源行业以及能源密集型产业构成较大负向冲击，虽然可再生能源投资对短期生产活动有一定的带动作用，但是这种带动作用远低于传统能源相关行业紧缩的负面影响。在负向冲击的影响下，一方面，理性居民将减少闲暇，提高储蓄率与劳动力供给，为未来要素增长路径的提升打下基础。另一方面，逐利企业将加大可再生能源技术研发投入，不断将产品生产与可再生能源相融合，逐步削减生产成本。居民和企业的适应性调整，即要素深化效应渐成规模，虽然在初期难以抵消能源价格冲击的增长阻碍效应，但随着时间的推移，经济的增长将随要素的深化而得以回升，可再生能源投资所带来的乘数效应开始逐渐显现，中国的拐点大约在2030年以后。因此，2025年之前，较高比例的可再生能源发展目标所产生的经济成本是较为巨大的。

表6-2　　各情景下的碳排放与经济发展水平

情景	CO_2排放（亿t）				GDP（万亿美元）				人均GDP（美元）			
	2015年	2025年	2035年	2050年	2015年	2025年	2035年	2050年	2015年	2025年	2035年	2050年
S1	90	102	101	80	9.3	17.5	24.3	40.2	6746	12224	17198	29368
S2	88	93	65	30	8.2	12.7	15.4	27.2	5971	8902	10901	19861
S3	88	98	93	65	9.1	16.5	24.1	41.2	6580	11504	17099	30088

注：GDP按照2010年不变价美元计算。

（2）新一轮产业革命背景下能源转型的产业影响及风险

从整体看，在政策实施初期，对于高比例的可再生能源发展目标来说，产值下降最严重的是化石能源开采加工业和电热水气等能源供应业，其次是纺织、金属制品、机械电器制造以及运输业，这是能源转型从产业视角分析面临的主要风险。技术密集型行业，如仪器仪表文化办公用机械行业，电气机械及器材、电子及通信设备制造业等，是相对受影响较小的行业。以上3种情形，均起到了一定的优化产业结构的作用，但是化石能源优化路径及核能路径在近期所面临的产业损失风险较小，但是在中长期的产业竞争力上可能面临竞争力不足。在基准情境下，我们对未来中国的产业结构变化进行预期，产业结构中，电子电器、机械制造以及医药制品相关行业是比重增加较多的行业，而钢铁、建材、有色金属以及造纸行业比重呈现负增长。制造业中高耗能行业（如黑色金属冶炼、造纸等）增加值占 GDP 比重不断减少，电器机械及器材、电子及通信设备等技术密集型行业占比不断增加，可再生能源相关行业将成为新的经济增长点，至 2050 年，其对中国 GDP 的贡献约达到 7%，见图 6-4。

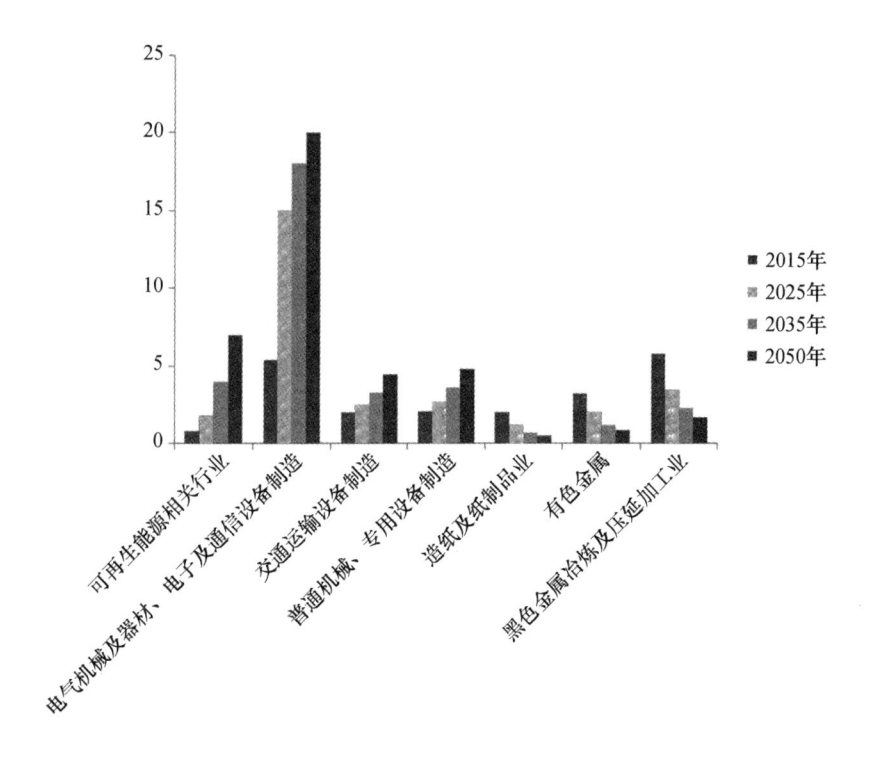

图 6-4 目标情景下中国各行业增加值对 GDP 的贡献

在新一轮产业革命的背景下，能源转型已成必然，关于新一轮产业革命，目前有两个代表性的版本，一是"可再生能源版本"，其核心思想是实现通信技术、互联网技术与可再生能源的结合，可再生能源将作为基础推动全球进入"第三次工业革命"。第二次工业革命的核心技术（石油驱动内燃机车）将在科技革命的变更中被电驱动或燃料电池驱动所取代,信息技术的革命很可能使分布集中的传统化石燃料以及铀能源向分散式的新型可再生能源转移。当前互联网正在为跨行业关系创造新的机遇,从历史经验看,能源革命必将伴随产业革命,产生新型的经济范式。二是"制造业版本",其核心思想是以制造业"数字化"为基础的"大规模定制"或将成为未来制造业的主流趋势。如果"第三次工业革命"的走向靠近第一个版本,其已将能源转型方向既定为可再生能源,化石能源的主导地位将逐渐被可再生能源所替代。如果向第二个版本靠近,化石能源实质上也需要面临两大关键挑战,一是必须逐步实现能源效率的提升以及清洁化利用,进而推进生产力和经济的增长;二是与可再生能源的成本竞争。当前可再生能源的成本正不断下降。如同计算机行业,可再生能源行业虽然面临当前极高的投入成本,然而,诸多研究支持太阳能和风能领域的可再生能源技术正在经历"指数增长"。行业分析预计,未来10年内,太阳能和小型风力发电的采集设备将像手机与笔记本电脑一样便宜,对传统能源行业构成较为致命的威胁。因此,提高能源效率及在不同行业发展可再生能源同样重要。

（五）结论及政策建议

在与化石能源和核能的竞争上，可再生能源虽然取得了较大进展，但目前仍无法与核能及化石能源直面竞争。2015—2025年，过高比例的可再生能源发展将给经济系统带来高昂的转型成本，事实上，由于资源禀赋的限制，在可再生能源技术未取得较大突破的情况下，即使按照现有的最大可开发量进行计算，2020年，非化石能源在一次能源中的消耗比重也仅占到15.3%。因此，在2015—2025年，可再生能源发展应遵循科学发展观，盲目地效仿欧洲是不可取的，正如表6-1所示，德国高比例的可再生能源发展目标是以较高的人均GDP和优化的产业结构为基础的。

可再生能源发展不是一蹴而就的，即便是在这一领域处于领先地位的欧洲，也仅是部分国家实现了高比例可再生能源的发展目标（如丹麦、西班牙），而即便是在经济较发达的德国，在发展可再生能源过程中也付出了高昂的经济成本，并引发了一系列的政治问题，德国政府不得不放缓其发展脚步。借鉴"欧洲模式"，2015—2025年，中国应加快可再生能源示范区建设，而不是整个国家的高比例可再生能源发展，尽早制订可再生能源示范区的中长期规划对当前来说至关重要。

中国的能源转型基础仍相对薄弱，可再生能源发展应注重科学发展观。新常态下，中国的经济增长逐渐放缓，但经济结构不断优化升级，服务业主导结构转变效应日益明显，与此同时制造业内部正逐渐实现质的变化，这为能源低碳转型创造了有利的大环境。但从人均GDP上看，中国与已进入二氧化碳排放下降期的发达国家相比，还存在较大差距，经济基础还较为薄弱，积极推进经济发展，优化产业结构将为能源转型奠定重要基础。当前，全球掀起了发展可再生能源的热潮，特别是在中国以及欧洲，可再生能源的发展十分迅速，但需要注意的是，在发展可再生能源的过程中，应注重科学发展，必须警惕其所带来的高昂经济成本。

七 降低中国能源经济安全风险的举措

（一）国际经验借鉴

1. 主要国家能源安全战略

（1）美国

①美国能源安全战略要点

第一，美国能源安全战略在21世纪初以来主要以能源自主和独立、能源供应扩大以及提高对国际安全环境的关注度为特点，不断演变至今，基本实现了国内的能源供应安全和使用安全。美国能源法，作为能源战略实施的具体行动规则，与能源战略合二为一促进能源发展。从《2005年能源政策法》的应对能源危机和减少国外能源依存度，《2007年能源独立于安全法》的增加清洁能源的产量，到《2009年美国清洁能源与安全法》的发展新能源以实现清洁能源经济目标，美国三次较大能源立法调整与能源战略政策演变相契合，对世界各国制定能源政策产生了重要影响。

第二，能源运输通道安全是美国与其他国家能源合作的关键问题。美国依靠政治、经济和军事等优势在国际能源运输通道（诸如海运、航道运输、管道运输等）的控制能力不断加强。当前美国力推"国轮国造、国货国运"政策促进造船业和航运业发展，以适应不断增长的天然气和石油出口，力求在国际能源运输市场占据更大的份额。

第三，"美国能源优先计划"是当前特朗普政府重视发展传统化石能源和追求能源独立的重要战略内容。基于拥有大量未开采的能源资源矿藏的优势，美国重点发展石油、天然气等化石能源，推动化石能源出口，以增加就业、推动经济增长为目标，"计划"实施两年来油气产量剧增（2018年1月石油产量高达1000万桶/日），在2019年下半年实现了70年来首次能源净出口。

②美国能源安全战略调整

自"计划"提出以来，在能源立法、行政命令以及财政预算方面均有调整。例如，美国能源部2018年的整体预算削减，主要包括节能、可再生能源等领域研发经费和相关补贴的削减，使得可再生能源市场萎缩，这与全球能源结构转型潮流相悖。

另一方面,"计划"实施以来效果凸显,油气产量和出口剧增加强了美国在国际能源体系的主导地位,并将全球能源市场调整为供大于求的格局。同时,美国调整中东政策,打破地缘政治格局,实质上也是能源布局调整的结果之一。

(2) 欧盟

2000年以来,欧盟不断制定能源安全战略一体化行动与政策。例如,2007年1月,欧盟发布新能源政策,同年成员国政府间会议通过了一致对外的《欧洲能源政策》,勾勒出能源政策一体化的长期战略蓝图。欧盟的新能源产业政策以及德国能源转型成功的经验已成为世界其他国家效仿的案例。

①欧盟能源安全战略要点

第一,应对气候变化,大力倡导节能减排,推动技术研发和创新,建设节能欧洲。欧盟能源战略文件《能源2020》提出争取到2020年实现节能20%。目前欧洲在建筑业和交通业领域已取得节能降耗的突出成绩和效果。建筑业方面,欧洲发达国家非常重视建筑节能,投入大量资金刺激研发节能新技术,将可再生能源综合利用和储能材料等新技术应用在建筑节能中,极大地降低了建筑能耗,提高了能源利用效率,使得欧盟迈入近零能耗建筑阶段。交通业方面,通过发挥公共部门的作用建立完善的公交系统,合理引导小汽车使用、引入汽车能效标准、征收交通税等措施，欧盟加大节能减排力度，对其他国家能源转型有现实的借鉴意义。

第二，提高欧盟能源市场整合力度，建设真正统一的内部能源市场。欧盟委员会2010年公布的"欧洲2020战略"提出未来十年欧盟的清洁能源发展计划，其中的重点是主张建立统一能源市场的政策。欧盟在电力和天然气市场整合方面虽积累了大量经验，但电力的天然气市场发展水平的内部不均衡以及天然气自给不足的现状制约着欧盟建设完善的统一内部化市场。

第三，建立完善的石油储备体系。欧盟在1968年建立紧急石油储备制度，在2009年经历过一次重要的石油储备改革。此次改革不仅要求成员国最低原油和成品油储备规模达到90天平均日净进口量，扩大了储备品种目录，并且要相应建立中央储备实体应对危机，以及在欧盟全局层面协调石油储备机制。

②欧盟能源安全战略调整

首先，欧盟进一步推进其国际化战略。由于面临气候变化、油气供应、能效提升等各方面挑战，欧盟需要一致对外的国际化战略加强与第三方的合作。欧盟重视能源外交，致力于寻求能源供应途径多元化，积极开拓国际市场，以确保欧盟能源供应安全。俄罗斯和中亚地区一直是欧盟重要的能源合作伙伴，欧盟通过与其开展广泛的能源合作,不仅开拓了外部市场空间,更加促进了全球低碳能源的发展。

其次,欧盟依据变化的国际经济和安全环境不断调整能源战略。例如欧盟在2011年发布了《2050能源路线图》,计划到2050年,将温室气体排放减少80%—95%(在1990年基础上),并且实现能源的安全、可持续以及经济性。在2018年发布了新的气候战略,突出核能的重要作用。新的战略包括能源效率、可再生能源、竞争性产业和循环经济、基础设施和互连、生物经济和自然碳汇、碳捕捉和储存,以及清洁、安全和连通的流动性7个领域。不断升级的能源安全战略体现出欧盟低碳能源的发展目标,成为全球能源转型的成功典范。

(3)日本

①日本能源安全战略要点

第一,寻求石油供应途径多元化,分散进口来源是日本的重要能源安全战略之一。日本是一个能源资源极其匮乏的国家,严重依赖能源进口。早在1958年日本就开始在海外设立石油公司,获得多国石油开采权,来应对不断增长的石油需求。近几年虽因人口萎缩等原因石油进口量有减少的趋势,但日本对石油进口的依赖程度依然较高。因此日本寻求有效的能源战略,分散石油进口来源,以应对石油价格波动对经济的影响。另外，国家还推行消费多样化政策，减少对石油的依赖。

第二，开发利用新能源，节约能源，实现能源转型也是日本能源安全战略的重要内容。2018年日本发布第五次《能源战略规划》，其中重点提到"2050年实现能源转型和脱碳化"的战略目标。以传统化石能源为主的能源产业已不再是主流，调整能源结构，提升新能源在终端能源消耗的比例成为新的世界潮流。目前来看，日本新能源发电产业、生物质燃料技术以及新能源汽车制造业等新能源产业发展尤为迅速，这背后依靠的是一系列能源政策法的保障。同时日本推行产学研机制，动员全社会积极投入节能减排，推动了新能源产业向高质量发展。

第三，日本石油储备战略。"第三方储备"模式是日本石油储备的创新模式，是指日本为产油大国提供储备基地，与石油出口国共同储备石油。这种模式可有效应对石油危机，也可加强两国的合作。日本石油储备管理模式与其他国家有所不同，不是国家直接管理，而是"委托—代理"模式，即政府将管理权下放到相关机构，进行统一监督管理。日本的石油储备方式多样，包括地上、地下、岩洞和海上等储备方式。2017年年末国家储备天数已达到129天，民间储备达到91天。

②日本能源安全战略调整

日本近年来高度重视清洁高效的氢能源的发展，2017年发布了"氢能基本战略"，并提出了"氢能社会"的概念。目的是实现氢能与其他燃料成本平价，以取代传统化石燃料，调整能源消费结构，实现能源转型。

2007年是日本能源外交新一轮的起始点。政府和企业联手共同开展外交是这轮能源外交的主要特点，政府通过金融、税收等手段为企业"走出去"提供资金支持，而企业配合政府的能源安全政策，政企合作共同推动日本能源外交发展。

(4) 俄国

俄国的能源安全战略经历了两个重要的时期，叶利钦时期和普京时期。而一直延续至今的普京政府能源强国战略已经上升到国家发展战略，以下对能源强国战略的三个阶段进行分析。

第一阶段（2003—2008年）的特点主要是确立中长期能源发展目标，出台了《俄罗斯2020年前能源战略》。俄罗斯在20世纪90年代进行了初期市场化改革，问题不断涌现。针对此，普京政府采取多种措施（立法手段、市场手段等）促使能源私企重新国有化，能源企业的国有化使得俄政府加强了对能源工业的有效控制，掌握了调控国家经济的杠杆。另外俄政府还加强了对国有企业的监管，有力地促进了经济的快速增长。

第二阶段（2008—2014年）的主要特点是加大对清洁能源的开发与利用，以能源等传统行业为突破口，向创新型经济发展过渡。《2030年前能源战略》在该阶段出台，根据该战略，俄国要增加油气能源的生产规模和出口量，大幅提高能源利用效率，同时不忽视非常规能源的发展。

第三阶段（2014年至今）主要以优化国家能源结构，推动能源强国战略的深入实施为初始特征。2014年俄国公布了《2035年前俄罗斯能源战略》。该战略强调当前俄国面对的首要能源目标不再是能源生产规模的扩大，而是实现现代化高质量发展。除了发展国内能源基础设施、发展创新模式（资源—创新）外，国家大力推进能源市场化改革，加大研发新技术的力度，支持节能技术的突破与发展。普京政府的能源强国战略虽给经济带来巨大收益，但随之产生的"俄罗斯病"使俄国经济发展受到制约。

2. 国际经验对中国的借鉴作用

（1）能源供应安全方面

①增加国内能源产量，保障能源安全

"美国能源优先计划"的核心是通过发展传统化石能源，占据全球能源贸易主导地位。美国重视石油开采,页岩油产量大幅度增长,天然气产量也暴增。中国随着经济水平的不断提高,对油气等能源的需求量也不断增加。面对居高不下的油气对外依存度,加大国内勘探开发力度提升油气产量尤为重要。值得高兴的是,2019年中国国内石油产量止跌回升,炼油能力迎来一轮增长。中国应继续增加国内油气生产,实现能源工业多样化,保障能源供应安全。

②分散能源进口来源,寻求能源供应渠道多元化

日本由于极其缺乏石油、天然气等能源资源,并且严重依赖能源进口,与中国情况较为相似。中国传统化石能源人均储量处在世界较低水平,近年来能源进口量大幅增加,对外依存度已超过能源安全警戒线。来源国数目也在稳步增长,除以中东、非洲为主要来源地外,积极尝试与俄罗斯、欧美、亚太等国家和地区进行能源合作。复杂的国际经济环境与地缘政治风险要求中国继续拓展能源来源地,丰富能源供应渠道,合理规避地缘风险,积极建立与其他能源出口国的合作关系。

③完善国家战略石油储备机制

世界主要能源大国均已建立国家战略石油储备机制,但各有不同。上文分析到日本基于国情的"第三方储备"模式和四种不同储备方式。欧盟完善石油储备机制,建立中央石油储备实体,在整体上进行一体

化储备协调。根据中国国情,中国目前已有石油国家战略储备和商业储备基地,但尚处于初期,与美国、日本、德国等发达国家战略储备达100多天相比还有很大的发展空间。中国应继续扩大石油战略储备和商业储备,利用低油价扩大进口增加储备。

④运输通道安全方面

中国进口石油的海上运输通道有中东、非洲、拉美和东南亚四条航线,其中三条航线均依赖马六甲海峡,而美国对马六甲海峡有很强的控制,若封锁这条"海上生命线",中国能源供应必定会受到严重影响。因此中国能源进口需要寻求其他的海上石油运输通道,例如从沙特运输的石油可以借道巴基斯坦,利用中巴在经济走廊建设的石油运输管道将石油输入中国境内。另外,美国"国轮国造、国货国运"政策值得中国借鉴,因为中国目前大部分能源依靠外籍油轮运输,"国油国运"比例较低,因此应抓住"国油国运"政策机遇,积极加强与国内外大船厂和航运企业的沟通与合作,提高"国油国运"占比,并且尝试与其他大国合资建立运输公司,保障海上运输的安全。

⑤重视加强能源外交

欧盟将能源外交与能源安全置于同等地位,认为共同的能源外交政策对实现能源供应的多元化和安全有重要意义。欧盟不仅与俄罗斯建立了紧密的伙伴关系，并且近年来更加重视与非洲、中东、中亚等地区的能源合作，拓展了能源外部市场。这对中国有一定的借鉴意义。中国应重视能源外交，除了维持主要能源合作伙伴关系外，应积极拓展国际能源合作空间，依托伙伴关系保障中国的能源供应稳定与安全。

（2）能源价格波动风险方面

①国际能源价格波动对中国经济的影响

首先分析煤炭价格变动对中国国民经济的影响。中国煤炭价格经历了计划经济时期（1984年之前），价格政策调整时期（1984—1992年）以及价格市场化时期（1992年至今）。在计划经济时期，煤炭价格因完全由国家控制所以波动幅度相对很小。政策调整时期部分煤炭价格由市场决定，而到市场化阶段国家完全放开，价格由煤炭市场决定。然而电煤价格改革制约着中国煤炭价格市场化改革的道路。

由于受到煤炭市场供需、宏观经济和政策等因素的影响，中国煤炭价格存在波动。煤炭价格的上升会造成生产部门的成本提升，引起居民消费的减少，导致物价水平不稳定，对国民经济各行各业产生直接或间接的影响。

其次，国际油价的震荡会对中国国民经济产生一定的负面影响。计划经济时代中国石油价格完全受政府的管制，改革开放后逐步调整石油价格机制，20世纪90年代实行石油定价双轨制，直到加入WTO后，国内石油价格才与国际能源市场接轨。国际石油价格的上涨必定会提高能源上下游产业的成本，这种供给冲击效应导致工业品价格出厂指数和消费者价格指数的升高，造成失业率上升和资源的浪费，影响消费者福利和社会总福利。另外，国际原油价格上涨使得原油出口国收入增加，中国作为进口国消费支出增加，产出减少，物价水平下降。

最后分析天然气价格变动的经济影响。近几年中国不断进行天然气价格改革，当前中国主要实行阶梯价格，适应居民和非居民价格存在的较大差异。2018年国家发展改革委发布居民与非居民天然气价格机制统一的方案，提出居民用气门站价格，体现出中国不断完善的天然气定价机制。天然气与石油一样，价格上升会引起生产部门成本的增加，产出下降，消费者消费减少。

②德国电力价格上涨

笔者以德国因电力价格上涨调整能源政策为例，分析如何规避能源价格波动带来的风险。

2009—2013年德国电价涨幅为30.44%，应对电价上涨已经成为德国能源转型的棘手难题，居民和企业均受到负面影响。公众质疑可再生能源政策的公平性，例如中小企业面临被转嫁成本的压力，可再生能源附加税减免没有惠及中小企业等，因此德国调整能源价格政策以平衡能源转型和经济增长。针对新能源补贴政策的问题，德国分别对风电、太阳能、生物质能等新能源制定不同的减少补贴的政策，来缓解能源发展的矛盾。

中国面临着能源转型的机遇与挑战。能源转型固然重要，但在德国的例子中，我们了解到不能单方面重视能源转型，也要兼顾民众利益和经济增长。

③规避能源价格波动风险的举措

第一，推动煤炭价格的市场化改革。煤炭价格过低或过高都不利于行业的发展，真正建立起自由化的煤炭市场，完善煤炭价格传导机制，才能优化资源配置，促进中国能源产业的健康稳定发展。

第二，积极倡导国际石油新秩序，提升中国在国际上的能源话语权。在国际能源合作中，中国应通过增加合作项目、加强同能源大国合作等方式积极参加到合作中来，提升国际合作水平，寻求平等定价的权利。

第三，促进国际能源组织的建立与发展。国际能源组织在石油价格制定方面起到较大作用，因此要与国际能源组织多沟通多交流，加强国际石油价格合作，保障国内能源安全稳定。

（3）能源转型取得的经验方面

①德国和日本能源立法的保障

能源政策和能源立法相辅相成，能源转型的实现离不开完善的法律体系。德国2000年年初颁布的《可再生能源法》成为推动德国可再生能源产业发展的重要法律基础。以提高能源转型成功的成本效率、市场经济性和促进电力市场发展等为目标，《可再生能源法》根据国内实际情况不断扩充内容，加之《生物质条约》《能源转型计划》等一系列法律法规的制定，全面、深入地推动了德国能源转型的实施。

大力发展新能源产业是日本能源转型的重要战略。日本政府以先调整能源政策，后立法保障其有效实施的思路完善能源政策与法律体系，并已形成了一套完备的层级规范体系。

2005年中国《可再生能源法》出台，对中国生态环境保护、社会可持续发展的意义非常重大。经过几次修订，仍存在着突出问题，例如配套的部分实施细则难以操作，立法缺失环保条款，弃风弃水现象愈演愈烈等，因此中国可参考日本《可再生能源法》的修订，结合中国自身发展情况，完善立法标准，同时提升法律对产业的监督指导能力。

②欧盟和日本推动节能政策的实施

欧盟和日本在节能减排上已积累了大量的经验。中国在欧盟交通业节能减排、欧盟成员国给予研发资金支持、日本引导民众积极参与等经验中得到很多启示。

第一，以建设节能欧洲为目标，欧盟大力倡导城市交通节能减排，投入大量资金支持节能新技术的研发与应用。例如欧盟成员国的公共交通得到了可持续发展的筹资，用于新技术、新设备的开发和推广；城市节能监测体系较完善；建议民众选择低碳的出行方式等。中国新能源汽车产业链不断完善，目前实行差异化补贴的政策。以新能源汽车为突破口，中国应重视培育新能源应用的市场，拓宽新能源产业融资渠道（如鼓励商业银行等进入新能源市场），及时关注国际能源市场的最新趋势，合理调整国内能源政策。

第二，日本引导全民广泛参与节能政策。可再生能源因其分布广泛等特点需要各行各业以及社会大众的积极参与。上文分析到日本发挥产学研机制的优势，鼓励高校研发新能源技术，同时利用加大媒体宣传力度、环境积分制等手段调动群众参与建设节能社会的积极性。中国新能源产业发展存在投入资金进行创新研发的力度不足，社会各界对新能源的消费相对传统能源较少等问题，政府应增加研发和消费环节的补贴，学习日本能源政策中符合中国新能源产业发展的部分。

（二）针对供应中断措施

根据中国经济发展状况，可把能源供给风险分为近期（2018—2020 年）、中期（2020—2025 年）和长期（2025—2030 年）进行研究。

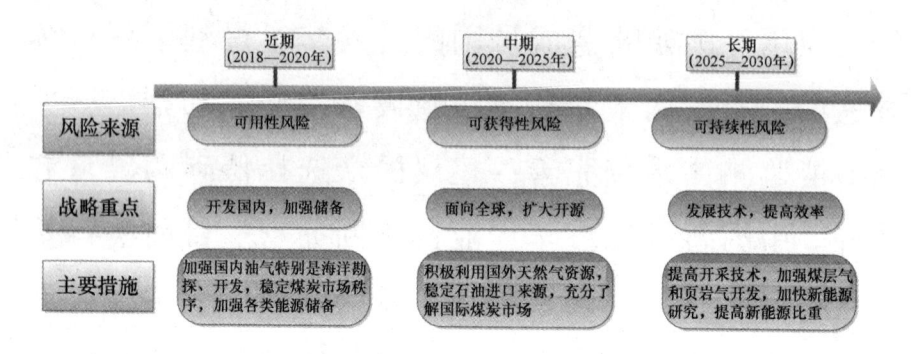

时期	近期(2018—2020年)	中期(2020—2025年)	长期(2025—2030年)
风险来源	可用性风险	可获得性风险	可持续性风险
战略重点	开发国内，加强储备	面向全球，扩大开源	发展技术，提高效率
主要措施	加强国内油气特别是海洋勘探、开发，稳定煤炭市场秩序，加强各类能源储备	积极利用国外天然气资源，稳定石油进口来源，充分了解国际煤炭市场	提高开采技术，加强煤层气和页岩气开发，加快新能源研究，提高新能源比重

图 7-1　降低能源供给中断风险的战略重点和措施

1. 供给风险

从近期看，能源供给风险主要体现在能源的可用性上，表现为能源短期供给不足，加强能源开发和实施能源储备是最直接的途径。虽然中国煤炭、石油和天然气探明储量每年都在增加，但是上升缓慢，不能有效弥补消费的不足，因此，开发不足和能源储备不够是能源近期供给的主要风险。

从中期看，能源供给风险主要体现在能源的可获得性上，表现在中国经济发展需要更多的能源，国内能源生产已接近极限，加大了能源的供需缺口，能源对外依存度逐年增加，能源的自给率下降，直接影响到中国能源安全。此外，国际能源市场的不稳定性将一直存在，能源价格的冲击给中国能源市场带来很大的风险，国际能源市场的不稳定和运输存在的安全隐患将影响中国能源的供给安全。

从长期看，能源供给风险主要体现在能源的可持续性上，一方面表现在化石能源对环境的污染上，能源利用特别是煤炭产生大量碳排放，中国已经是碳排放量最大的国家，环境污染为中国能源供给带来了很大的风险。另一方面，中国清洁能源仍没有形成一定的规模，其成本太高影响了推广和应用，为能源可持续供给带来很大的风险。

2. 战略重点

（1）近期：开发国内，加强储备

这是基于中国"十三五"规划和经济发展情况进行的综合考虑。作为世界上最大的发展中国家，中国还要继续扩大对外开放，不能与世界完全脱轨，但是也不能完全接受西方国家制定的规则，经济发展和人民生活水平的提高需要大量能源作为支撑，应该加强中西部能源的勘探开发力度，这也是平衡中西部经济发展差距的一个重要方面，根据经济发展和国际市场变化建立各类能源合适的储备，保证中国短期内不会发生较大能源供给风险。

（2）中期：面向全球，扩大开源

这是基于中国国内能源禀赋和经济全球化综合考虑的。区域性能源互补开发和合作是降低中国能源风险的重要途径，非洲、中东、俄罗斯等国家和地区有着丰富的石油、天然气和煤炭等资源，随着"一带一路"建设的不断发展，中非命运共同体、上海合作组织等良好的对外合作关系为中国利用国外能源提供了保障，有利于实现区域能源配置和能源效益的最大化。"两种资源、两个市场"不仅能够降低能源供给风险，也为很多国家发展经济提供了保证。

（3）长期：发展技术，提高效率

这是基于中国经济发展、环境保护和能源禀赋综合考虑的。随着全球经济不断发展，不仅中国需要大量能源，国外很多国家也需要能源作为经济发展的支撑，并且环境保护的压力越来越大。因此，必须着力发展新能源，提高能源利用率，加大对页岩气的开发，以相对富足的能源替代储量相对不足的能源、以廉价能源替代昂贵能源、以清洁能源替代不清洁能源，支撑中国能源的可持续发展。

3. 主要措施

（1）近期应对措施

煤炭方面，中国能源结构以煤为主，在安全、绿色基础上要合理开发煤炭资源，保障国民经济发展，继续加大西部地区的勘探力度，促进煤炭企业整合，根据资源需求加快煤炭运输通道建设，加快建立应急条件下的煤炭储备，促进现代化煤产业的有序健康发展。石油方面，首先加强国内石油的开发，特别是传统的陆上石油精细开采，保障国内石油供应；其次加强海域石油的开发，提高深海石油产量，保障石油的可用性；最后，根据国际市场状况调整石油储备的合理规模，保障石油供应。天然气方面，国家应提出天然气开发的总体思路，根据地质资源条件，择优预探，适时探明，加强天然气开发，提高天然气可用性程度，增加天然气勘探投入，加强天然气管道建设，促进天然气产业健康发展。新能源方面，加强对新能源的基础研究，在保证安全的条件下大力开发核能，使光伏发电市场有序健康发展。

（2）中期应对措施

煤炭方面，提高国内煤炭运输的能力，蒙古国、俄罗斯等优质煤炭比如炼焦煤、无烟煤等储量丰富，应充分利用良好的国际关系，采取多种方式进行开发，加大国际煤炭通道建设，保障优质煤炭供应。石油方面，完善石油期货市场，提高在国际石油市场的话语权，加强对非洲国家的援助，支持中东和平进程，通过合作、参股等多种形式开采国外石油资源，充分利用外交手段，稳定与石油出口国的良好外交关系。天然气方面，加强天然气的勘探开发力度，建立健康有序的天然气市场，实现天然气上下游的协调发展。与俄罗斯等陆路相邻的国家建立天然气合作协议，加大国外天然气进口，鼓励国内企业开发境外的天然气，提高天然气在能源结构中的比重。新能源方面，使核能保证一定的规模，大力支持新能源技术发展，加大投入开发和利用风能，使光伏发电能够占据一定的能源市场。

（3）长期应对措施

煤炭方面，提高薄煤层开采技术水平，控制煤炭对环境的污染，治理"散、乱、小"煤炭的使用，加强洁净煤技术的研究，综合采用碳捕捉、封存与利用等技术降低碳排放，实施碳税制度，提高煤炭使用效率。石油方面，加大近海的石油勘探开发，提高石油的采收率，理顺国际国内石油价格，提高石油利用率。天然气方面，合理布局国内天然气产业的发展，加快构建跨区域性干线管道系统。建立天然气产业管理体系，合理利用统筹规划天然气。加强对煤炭开采过程中煤层气的利用，加强对天然气水合物的研究，加强页岩气的开发，使气体能源有效替代煤炭、石油等资源。新能源方面，使新能源能够有效替代化石能源，在成本、稳定性等方面具备一定的竞争优势，以企业为主体，以市场为导向，促使核电、风电和太阳能发电等形成一定的规模。

（三）针对价格异常波动的措施

第一，加强顶层设计，进一步推进能源价格市场化改革。

虽然中国一直在推进能源价格市场化改革，在各能源领域已经取得了一些成果，但从能源价格波动对中国宏观经济的实证研究结果来看，有些还难以用市场经济理论加以解释。以煤炭市场为例，中国煤炭市场的计划经济色彩仍然较为浓厚，有关部门对煤炭价格进行计划调控，导致煤炭价格难以反映市场的实际供需状况，进而在近年来引发煤炭行业产能严重过剩，影响该产业的运行效益。因此，应进一步推动能源体制机制改革，要深化投融资体制改革，逐步理顺能源之间、能源与其他要素之间的市场关系，放开竞争性环节价格，最大限度地发挥市场在资源配置中的基础性调节作用，确保竞争性环节能源价格能够反映市场供求状况。充分调动能源市场价格在市场中的调节作用，减少政府的行政指令调控，在政府指导下努力形成能源供需双方自主协商、自主定价的市场机制。

第二，构建适合国情的能源战略储备体系。

中国的能源价格易受国际市场能源价格波动的影响。中国长久的能源安全应当立足于国内储备，这是因为在价格和数量上只有国内的能源才是最终可控的。首先，在战略上，尽可能增加国内能源储备，减少高耗能产品的出口，尽可能利用国外能源。应进一步完善能源战略储备体系，在能源价格较低、市场需求低迷时吸纳能源资源，在能源需求旺盛时，增加能源供给，从而起到平抑能源价格波动的作用，有效缓解能源价格的大幅波动。其次，应当对相关能源行业的去库存提出更高要求，以煤炭为例，煤炭在供给区与需求区存在一定的地理差，一般需要远距离运输，因此，运输条件的限制会加剧煤炭价格的波动。相应地增加主要用煤行业的库存，无疑会降低煤炭价格的波动。此外，在研究中发现，能源价格通过工业生产价格指数传导至居民消费价格指数，因此，有关部门应及时采取灵活的价格调控政策平抑能源价格的负面影响。

第三，实施能源多元化战略，大力发展新能源。

传统的化石能源具有不可再生性，从长远来看，其并不能为一国经济的发展提供源源不断的动力。在当前低碳绿色发展的国际背景下，降低对传统能源的依赖，并积极推动新能源技术的发展显得非常重要。通过调整优质能源的比重可以实现能源供给的多元化。还应注意到，大力发展新能源，还需要相应完备的配套设施以及财政支持，如新能源动力汽车需要配以充电桩。应鼓励新能源企业建立技术联盟共享资源，共同抵御市场风险。对于规模较大、发展前景良好的新能源产业，加大产业补贴力度，加强对其创新融资支持力度。通过增加新能源的比重，形成对传统化石能源的替代，能够降低中国对国外能源的依赖，减轻国际能源价格波动对国内经济的不利影响，提高能源安全水平。

第四，建立和完善能源期货市场。

期货市场的职能是规避风险和价格发现。能源期货市场的建立有助于中国能源价格调控体系的完善，有效规避能源价格波动的风险。在期货市场上，各参与主体以生产成本加预期利润作为定价基础，通过期货交易形成一个基准价格，进而对现货市场产生引导作用，能够有效地反映能源市场的供求状况。应积极推动能源期货市场的建立，着力完善能源期货市场的交易机制，建立配套的法律和监管体系，丰富能源交易品种，努力打造中国能源价格的市场风向标。

（四）针对能源转型风险的措施

第一，中国的能源转型基础仍相对薄弱，可再生能源发展应注重科学发展。

2015—2025年是中国跨越"中等收入陷阱"的关键阶段，过高的可再生能源发展目标将给经济带来较大的负向冲击。新常态下，中国的经济增长逐渐放缓，但经济结构不断优化升级，服务业主导结构的转变效应日益明显，与此同时制造业内部正逐渐实现质的变化，这为能源低碳转型创造了有利的大环境。但从人均GDP上看，中国与已进入二氧化碳排放下降期的发达国家相比，还存在较大差距，经济基础还较为薄弱，积极推进经济发展，优化产业结构将为能源转型奠定重要基础。当前，全球掀起了发展可再生能源的热潮，特别是在中国以及欧洲，可再生能源的发展十分迅速，但需要注意的是，在发展可再生能源的过程中，应注重科学发展，必须警惕其所带来的高昂经济成本。

第二，单一的政策不能够较好地推进能源转型战略，需要建立动态化、多政策组合的低碳发展战略。

基于实证分析我们得出，单一政策的实施将在2030年前后出现转折，政策组合的实施应发生在2030年之前。能源转型初期，特别是2015—2020年多政策组合的动态化战略对推进能源转型至关重要，即总量控制、行业能源强度约束、可再生能源补贴等政策组合的实施。调整能源结构与能源强度的政策对碳减排具有较强的效力，然而两者均会带来不同程度的经济损失，特别是较高比例的量化可再生能源发展目标，将会对经济产生较大的冲击。而能源强度的弊端在于会在政策实施初期对经济产生一段短期较强的负向冲击。

另外，能源强度、能源结构的影响，实际上是对绿色技术有一定水平的要求，在技术水平未达到足以转变经济发展方式所需要的程度时，政府运用强有力的政策手段以实现目标，将会付出高昂的经济成本。因此，这就意味着通过能源强度、能源结构政策来迅速实现碳减排，且对经济产生较小的影响，必须要求可再生能源技术在短期内实现重大突破。而就当前中国的发展进程看，在未来十年内可再生能源技术取得重大突破的可能性还较小。那么，在这一阶段，单一的政策不能够较好地兼顾环境与发展问题，需要建立动态化的低碳发展战略，使可再生能源政策与调整需求侧合理衔接，将开发可再生能源作为长期战略而非应急手段。

第三，能源效率监管策略是决策集合中的次优策略，能源效率提升与监管政策需要有效协调多维关键要素。

对不同产出目标下，能源效率监管带来的经济冲击差异性必须充分注意。不同省区个体之间的利益与国家层面决策者的总体利益可能存在冲突。可以探索对不同地区实施差异化的产出目标监管政策，或者实施适当的能源效率监管目标的加权合成，规避单一管制目标的潜在问题。建立全国统一的产出目标和总量控制下的能源效率监管目标可能不是最优的政策选择。

两类问题的协调在形成能源效率监管政策中十分重要。其一是需要协调政策的稳定性和最优问题；其二是对统一性和灵活性之间的需要进行平衡。稳定性要求对已有的监管体系的继承，而最优性可能意味着对监管体系的实质性改变。统一性可以建立管制体系的全国性权威，但可能缺乏弹性，引起经济结构的扭曲。因此，作为一种折中，某些监管目标可以适度整合，而最优能效提升策略可以渐进完善并最终实施。

第四，对不同行业能源效率监管的关键区域识别有助于形成高效能源政策。

除了一些传统的监管工具，例如行政压力和行业指导，依托于经济结构和能源消费结构的能源效率监管政策可以对不同行业能源效率的关键区域进行有效识别。从国家尺度来看，对低效率行业的重新布局、通过新技术的引入提高效率，对关键区域的严格监管都是提升能源效率的可行步骤。与此相对应，经济调整引起的各种利益关系变化需要通过补偿和激励机制加以协调。中国在部分新能源投资领域（如光伏设备生产）尚未建立市场准入制度，部分企业的技术研发滞后，生产规模小、技术水平不高，缺乏核心竞争力，低劣产品扰乱市场和无序竞争现象时有发生，行业管理需要进一步加强。因此，需要根据产业政策要求和行业发展实际需要，切实加强行业管理，建立健全行业准入标准，规范中国产业发展。坚决淘汰落后产能，关停一批技术指标和环保指标达不到要求的生产线。对于出售劣质产品、扰乱正常市场竞争秩序的企业，依照相关规定给予行政处罚和整顿。要完善标准体系，推动检测认证、监测制度建设。加强对产品质量标准行业管理，以中国自主知识产权为基础，结合国内产业技术实际水平，推动制定相关标准，积极参与国际标准制定，建立健全产品检测认证、监测制度，促进行业的规范化、标准化发展。

参考文献

陈斌、程永林：《中国国家经济安全研究的现状与展望》，《中国人民大学学报》2020年第1期。

陈诗一：《能源消耗、二氧化碳排放与中国工业的可持续发展》，《经济研究》2009年第4期。

丁志华、李文博：《石油价格波动对我国物价水平的影响研究——基于高对外依存度的视角分析》，《价格理论与实践》2014年第10期。

范爱军、万佳佳：《基于因子分析法的中国能源安全综合评价》，《开发研究》2018年第2期。

顾海兵、张帅：《中国能源转型的测定研究及与美、德的比较》，《学术研究》2017年第6期。

郭正权、张兴平、郑宇花：《能源价格波动对能源—环境—经济系统的影响研究》，《中国管理科学》2018年第11期。

郝向斌、龚大勇：《中国煤炭资源及生产区域布局分析》,《中国石油和化工经济分析》2008年第12期。

何凌云、杨雪杰、尹芳等:《综合性能源价格指数对中国省域碳强度的调节作用及其比较——来自30个省份面板数据的实证分析》,《长江流域资源与环境》2016年第6期。

何则、杨宇、宋周莺等:《中国能源消费与经济增长的相互演进态势及驱动因素》,《地理研究》2018年第8期。

胡宗义、刘亦文:《能源要素价格改革对我国经济发展的影响分析:基于一个动态可计算一般均衡(CGE)模型》,《系统工程》2009年第11期。

黄晓勇:《全球能源格局的新特点和发展趋势》,《国家电网报》2016年第6期。

纪建悦、张懿、任文菡:《环境规制强度与经济增长——基于生产性资本和健康人力资本视角》,《中国管理科学》2019年第8期。

揭昌亮、石峰、庞一楠:《我国能源价格波动对宏观经济影响的动态研究》,《经济问题探索》2015年第10期。

李根、张光明、朱莹莹等:《基于改进AHP-FCE的新常态下中国能源安全评价》,《生态经济》(中文版)2016年第10期。

李洪凯、张佳菲、罗幼强:《石油价格波动对我国物价水平的影响》，《统计与决策》2006年第3期。

李品：《中国能源供给安全影响因素研究》，《西安科技大学学报》2018年第3期。

李齐：《中国能源安全现状与矛盾转变》，《国际石油经济》2018年第4期。

李雪慧、史丹、聂新伟：《中国能源供应形势及潜在风险分析》，《中国能源》2018年第7期。

李智、桂香：《通货膨胀中石油价格冲击效应分解》，《统计与决策》2014年第6期。

林伯强、杜立民：《中国战略石油储备的最优规模》，《世界经济》2010年第8期。

林伯强、刘泓汛：《对外贸易是否有利于提高能源环境效率——以中国工业行业为例》，《经济研究》2015年第9期。

林伯强、牟敦国：《能源价格对宏观经济的影响：基于可计算一般均衡（CGE）的分析》，《经济研究》2008年第11期。

刘长松：《国际能源转型进展及其对中国的启示和借鉴》，《鄱阳湖学刊》2016年第3期。

刘满芝：《国家煤炭应急储备规模和布局研究》，博士学位论文，中国矿业大学，2012年。

吕致文：《我国能源安全问题的结构性分析》，《宏观经济管理》2005年第9期。

罗纯宝：《新能源发展对经济增长的影响研究》，《经贸实践》2018年第12期。

史丹：《全球能源格局变化及对中国能源安全的挑战》，《中外能源》2013年第2期。

史丹：《全球能源转型特征与中国的选择》，《经济日报》2016年8月18日。

史丹：《推进中国能源转型的供给侧措施》，《中国经济学人》2017年第1期。

苏銮珊：《中国能源消费结构与经济增长关系的实证》，《长沙理工大学学报》（社会科学版）2018年第3期。

孙涵、聂飞飞、胡雪原：《基于熵权TOPSIS法的中国区域能源安全评价及差异分析》，《资源科学》2018年第3期。

孙宁华、江学迪：《能源价格与中国宏观经济：动态模型与校准分析》，《南开经济研究》2012年第2期。

孙稳存：《能源冲击对中国宏观经济的影响》，《经济理论与经济管理》2007年第2期。

唐国强、王彬：《能源价格与宏观经济周期的联动关系——基于小波频带变换的视角》，《价格理论与实践》2017年第2期。

汪潇、汪发元：《能源工业投资、能源消费对经济增长的影响》，《统计与决策》2019年第20期。

王鹏：《能源对我国经济增长影响的研究》，硕士学位论文，江苏大学，2008年。

王雅萍：《中国主要能源价格波动风险评价研究》，硕士学位论文，江苏大学，2016年。

王雨佳：《能源产业链整合与企业生产效率——以煤电纵向一体化为例》，《北京理工大学学报》（社会科学版）2019年第4期。

夏妍：《中国石油价格风险评价与价格预测研究》，硕士学位论文，江苏大学，2017年。

薛凤、黄圣明：《天然气价格变动影响效应研究——基于VAR模型和脉冲响应函数的分析》，《价格理论与实践》2018年第11期。

薛静静、沈镭、刘立涛等：《中国能源供给安全综合评价及障碍因素分析》，《地理研究》2014年第5期。

杨娟：《煤炭价格上涨对云南省物价的影响：基于投入产出价格影响模型》，《学术探索》2008年第12期。

杨柳、李力：《能源价格变动对经济增长与通货膨胀的影响：基于我国1996—2005年间的数据分析》，《中南财经政法大学学报》2006年第7期。

翟光明、王世洪：《中国油气资源可持续发展的潜力与挑战》，《中国工程科学》2010年第5期。

张汉林、魏磊：《全球化背景下中国经济安全量度体系构建》，《世界经济研究》2011年第1期。

张恒、王彬:《能源价格冲击对宏观经济的动态影响与溢出效应》,《西安交通大学学报》(社会科学版) 2014 年第 5 期。

张雷、黄园淅、杨波等:《国家能源供应时空协调——基本概念、理论与方法》,《自然资源学报》2012 年第 4 期。

张美玲:《可再生能源与经济增长——基于生产函数理论的实证研究》,《中南财经政法大学研究生学报》2018 年第 4 期。

张瑞、丁日佳:《能源价格、经济增长与我国能源强度的变动——基于 LMDI 分解与计量模型的实证研究》,《软科学》2018 年第 3 期。

张婷玉:《我国天然气战略储备安全预警模型研究》,硕士学位论文,大连海事大学,2015 年。

张幼文:《国家经济安全问题的性质与特点》,《国际商务研究》1999 年第 4 期。

张宇燕、管清友:《世界能源格局与中国的能源安全》,《世界经济》2007 年第 9 期。

张子荣:《我国经济增长与能源消费关系的实证分析》,《商业经济研究》2018 年第 17 期。

周新军:《能源安全问题研究:一个文献综述》,《当代经济管理》2017 年第 1 期。

周新军:《我国能源安全的内涵界定——基于"十五"

期间统计数据的分析》,《中外能源》2008 年第 2 期。

朱成章:《煤电关乎中国能源安全刍议》,《中外能源》2012 年第 1 期。

朱美峰:《中国煤炭价格波动及其传导效应研究》,博士学位论文,山西财经大学,2015 年。

朱彤、王蕾:《国家能源转型:德、美实践与中国选择》,浙江大学出版社 2015 年版。

[美] 罗伯特·吉尔平:《世界政治中的战争与变革》,武军等译,中国人民大学出版社 1994 年版。

Alex O. Acheampong, "Economic growth, CO_2 emissions and energy consumption: What causes what and where?", *Energy Economics*, Vol. 74, 2018.

Anton Grizold, "The Concept of National Security in the Contemporary World", *International Journal on World Peace*, Vol. 11, No. 3, 1994.

Benjamin B., "Energy Prices and the Expansion of World Trade", *Review of Economic Dynamics*, Vol. 11, No. 4, 2008.

Eriko Kiriyama, Yuya Kajikawa, "A Multilayered Analysis of Energy Security Research and the Energy Supply Process", *Applied Energy*, Vol. 123, 2014.

Hamilton D., "Understanding Crude Oil Prices", *NBER*

Working Paper, 2008, No. 14492.

International Energy Agency, *Energy Technology Policy*, OECD/IEA, Paris, 1985.

J. D. Hamilton, "Oil and the Macroeconomy since World War II", J. Polit. Econ., Vol. 91, No. 2, 1983.

Jiang-Bo Geng, Qiang Ji, "Multi-perspective Analysis of China's Energy Supply Security", *Energy*, Vol. 64, 2014.

Karen Fisher-Vanden, Gary H. Jefferson, Ma Jingkui, Xu Jianyi, "Technology Development and Energy Productivity in China", *Energy Economics*, Vol. 28, No. 5-6, 2006.

Kirshner J., "Sovereign Wealth Funds and National Security: The Dog, That Will Refuse to Bark", *Geopolitics*, Vol. 14, No. 2, 2009.

L. Kilian, "The Economic Effects of Energy Price Shocks", J. Econ. Lit., Vol. 46, No. 4, 2008.

Marina Fischer-Kowalski, Elena Rovenskaya, Fridolin Krausmann, Irene Pallua, John R. Mc Neill, "Energy Transitions and Social Revolutions", *Technological Forecasting and Social Change*, Vol. 138, 2019.

Meirong Su, Mingqi Zhang, Weiwei Lu, Xin Chang, Bin Chen, Gengyuan Liu, Yan Hao, Yan Zhang, "ENAbased evaluation of energy supply security: Comparison between the Chinese crude oil and natural gas supply systems", *Renewable and Sustainable Energy Reviews*, Vol. 72, 2017.

MOR K. A. "Oil and the Macroeconomy When Prices Go Up and Down: An Extension of Hamilton's Results", *Journalof Political Economy*, Vol. 97, 1989.

Muhammad Shahbaz, Muhammad Zakaria, Syed Jawad Hussain Shahzad, Mantu Kumar Mahalik, "The energy consumption and economic growth nexus in top ten energy-consuming countries: Fresh evidence from using the quantile-on-quantile approach", *Energy Economics*, Vol. 71, 2018.

PIERCE L., ANDENZLER J., "The Effects of External Inflationary Shocks", *Brookings Papers on Economic Activity*, 1974.

Zhan-Ming Chen, Pei-Lin Chen, Zeming Ma, Shiyun Xu, Tasawar Hayat, Ahmed Alsaedi, Inflationary and Distributional Effects of Fossil Energy Price Fluctuation on the Chinese Economy, *Energy*, Vol. 187, 2019, No. 115974.